幸福感
创业

肖逸群 —— 著

团结出版社

愿每位创业者

都可以通过本书

找到创业路上的幸福感

目 录 | CONTENTS

前 言   01

01 **认知篇**

幸福感创业是什么？什么是最有幸福感的创业模式？

幸福感创业的四大衡量标准   014

幸福感创业的第一大标准：价值感   014

幸福感创业的第二大标准：成就感   015

幸福感创业的第三大标准：自由感   016

幸福感创业的第四大标准：安全感   017

02 **定位篇**

什么是高客单超级个体？选什么行业可以成为充满幸福感的创业者？

普通人收获幸福感创业的商业模式——高客单超级个体   023

高客单超级个体是什么？成为高客单超级个体最重要的一步是什么？　024

为什么是高客单？为什么不建议做流量型超级个体？　026

资本进不去的市场，是普通人捡钱的地方　028

还有哪些高客单超级个体案例，可以参考对标？　030

好的答案，来自好多答案　032

定位的三大底层逻辑，实现高客单 IP 创业的认知破局　033

定位的底层逻辑 1：定位，就是找到你的商业天赋　034

厂长定位的第一个决定性瞬间：从肖逸群 Alex，到私域肖厂长　037

厂长定位的第二个决定性瞬间：从私域，到私域发售　039

定位的底层逻辑 2：好的定位，事越做越窄，路越走越宽　041

定位的底层逻辑 3：定位不是定出来的，是走出来的　044

定位七步法：科学找定位的七大步骤　046

第一步，破圈与勇气　046

第二步，赛道与对标　048

第三步，问题与机遇　049

第四步，产品与闭环　049

第五步，案例与差异　050

第六步，能力与 SOP　051

第七步，超级案例与行业头部　052

关于高客单 IP 定位的未来趋势　053

靓靓：从大厂高管裸辞，到小红书高客单 IP 的幸福感创业之路　055

怀孕裸辞大厂 50 万年薪工作，成为小红书 8 万粉丝母婴博主　056

定位转型，锁定知识付费，聚焦高客单，帮助更多超级个体年入百万　057

再次定位转型，垂直聚焦海外 IP，打爆国外市场　058

03 技能篇

成为高客单超级个体，实现幸福感创业的必备技能

发售能力——为什么说用发售来做成交，是最重要的幸福感创业技能？　065

发售是什么？什么是发售思维？　065

私域 + 发售，普通人可以开启的变现王炸组合　067

对 IP 创业者而言，用好发售的四大好处　069

发售的人货场三要素　075

从普通人到发售高手，你需要经历的不同阶段和对应的不同能力　080

高客单 IP 如何搭建产品体系　104

关于产品的第一个认知：高客单的本质，是超越竞争　105

关于产品的第二个认知：严控产品数量，是最大的克制　108

关于产品的第三个认知：金字塔模型高打低，而不是漏斗模型低转高　110

高客单产品的一个重要行业趋势：结果式付费　114

发售落地方法论：三大类发售模型　115

第一类，裂变式发售　116

第二类，标准发售模型　118

第三类，破圈养粉发售　118

不做发售，但是拥有发售思维，你也可以收获创业的幸福感　120

陈晶：从濒临破产的失业投资人，到实现生育自由的幸福感创业宝妈　124

事业破产，投资失败，"百万年薪"打工梦碎　124

帮助 1000+ 创业者，实现幸福感自媒体创业　125

郭琳：从线下实体濒临倒闭，到线上短视频百倍获客　127

疫情重创之下，内忧外患　127

流量获客之路，坎坷曲折　128

扭转乾坤之法，百倍获客　129

04　心力篇

八大心理暗示，搭建强大的"底层操作系统"，实现幸福感创业

心理暗示 1：这个世界就是个巨大的草台班子　136

心理暗示 2：时间管理的 4 字精髓：高能、要事　138

心理暗示 3：如果勤奋可以致富，那么世界首富应该是头驴　139

心理暗示 4：少和不对的人生气。错的人，错的圈子，会害你一生　140

心理暗示 5：所有的伟大，都源于一个勇敢的开始　142

心理暗示 6：凡事发生，必有利于我　144

心理暗示 7：如果你有强大的愿力，你可以掌握任何技能　145

心理暗示 8：人生终极幸福感，源于找到使命　148

05　案例篇

我身边那些超级幸福的创业者

孟慧歌：从超级卷王到松弛喜悦，90 后高价 IP 年入千万的创业心法　153

王姐：从体制内处长到升学一姐，帮助无数家庭改善教育，重获幸福　158

李海峰：好的幸福感创业，就是松弛、笃定、被滋养　163

小雅：从负债 60 万离异带娃，到年营收千万级外贸一姐，创业 10 年，终于
找到了创业幸福感　166

金雨麒：一个引流品，引爆百万千万业绩　170

杨坤龙：破产家庭的中专生，逆袭改命，找到幸福松弛的创业人生　173

Ada 爱达：从双减破产到年入千万，名校升学高客单超级个体之路　177

刘 Sir：20 年行业老炮的幸福感创业启示录　181

Bittle 白先生：AI 拼才会赢，让 AI 成为你幸福感创业的合伙人　185

邦爸邦妈：家庭和事业的双向奔赴　189

笛子：帮助十亿国货畅销海外，热血沸腾的幸福感　192

石榴叔：高客单 IP 声音私教的"五福人生"　197

魔女喵喵："包租婆"梦想破灭之后，找到幸福创业新定位　200

后　记　204

送你一份 📁

"幸福感创业必备26大SOP资料包"

这是一份由肖厂长,以及作为本书案例的15位幸福感创业者,共同为你准备的,诚意满满大礼。

厂长为你准备的SOP,关于成为一名充满幸福感的创业者,所必须具备的IP、私域、成交等技能,都是压箱底的资料,拿去就可以用。

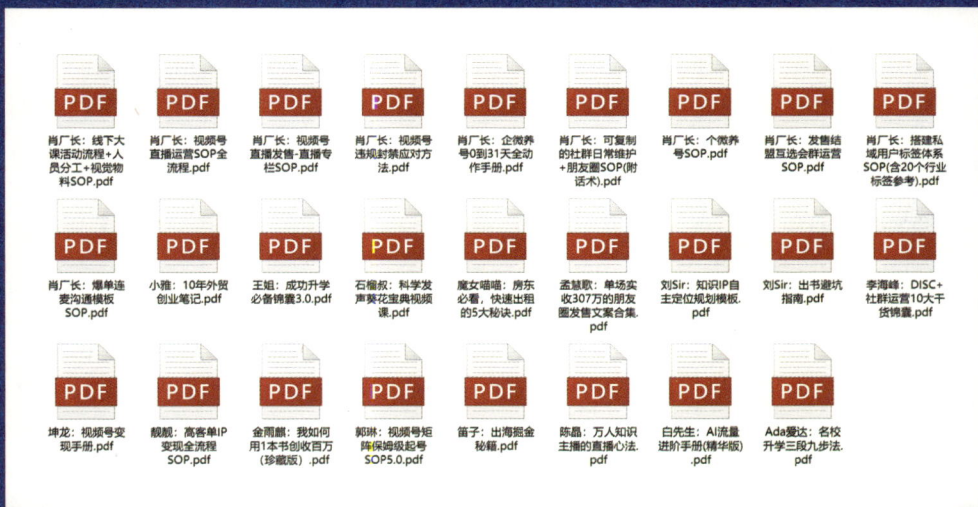

PDF 肖厂长:线下大课活动流程+人员分工+视觉物料SOP.pdf	**PDF** 肖厂长:视频号直播运营SOP全流程.pdf	**PDF** 肖厂长:视频号直播发售-直播专栏SOP.pdf	**PDF** 肖厂长:视频号违规封禁应对方法.pdf
PDF 肖厂长:企微养号0到31天全动作手册.pdf	**PDF** 肖厂长:可复制的社群日常维护+朋友圈SOP(附话术).pdf	**PDF** 肖厂长:个微养号SOP.pdf	**PDF** 肖厂长:发售结盟互选会群运营SOP.pdf

（以下按行列出）

- **PDF** 肖厂长:搭建私域用户标签体系SOP(含20个行业标签参考).pdf
- **PDF** 肖厂长:爆单连麦沟通模板SOP.pdf
- **PDF** 小雅:10年外贸创业笔记.pdf
- **PDF** 王姐:成功升学必备锦囊3.0.pdf
- **PDF** 石榴叔:科学发声葵花宝典视频课.pdf
- **PDF** 魔女喵喵:房东必看,快速出租的5大秘诀.pdf
- **PDF** 孟慧歌:单场实收307万的朋友圈发售文案合集.pdf
- **PDF** 刘Sir:知识IP自主定位规划模板.pdf
- **PDF** 刘Sir:出书避坑指南.pdf
- **PDF** 李海峰:DISC+社群运营10大干货锦囊.pdf
- **PDF** 坤龙:视频号变现手册.pdf
- **PDF** 靓靓:高客单IP变现全流程SOP.pdf
- **PDF** 金雨麒:我如何用1本书创收百万(珍藏版).pdf
- **PDF** 郭琳:视频号矩阵保姆级起号SOP5.0.pdf
- **PDF** 笛子:出海掘金秘籍.pdf
- **PDF** 陈晶:万人知识主播的直播心法.pdf
- **PDF** 白先生:AI流量进阶手册(精华版).pdf
- **PDF** Ada爱达:名校升学三段九步法.pdf

肖厂长-爆单连麦沟通模板

ⓘ 尊贵老师好,非常感谢您对发售IP 本次发售的支持~

此次活是本次实售,**您的直播间连麦脚本**,这套直播将会围绕以下几个问题进行,幸苦您X月X日晚8点前机理完成。

▸ 1.【重要】公开课背景——务必提前了解

▸ 2. 您的连麦时间及当天安排:

▸ 3. 海报所需信息:

▸ 连麦流程:

　4.1 您希望厂长如何来介绍你,可以用50-100字描述一下

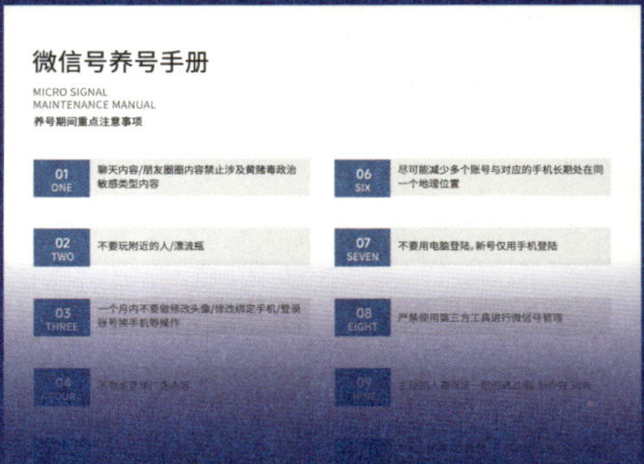

微信号养号手册

MICRO SIGNAL MAINTENANCE MANUAL

养号期间重点注意事项

01 ONE 聊天内容/朋友圈内容禁止涉及黄赌毒政治敏感类型内容		**06** SIX 尽可能减少多个帐号与对应的手机长期处在同一个地理位置	
02 TWO 不要玩附近的人/漂流瓶		**07** SEVEN 不要用电脑登陆,新号仅用手机登陆	
03 THREE 一个月内不要做修改头像/微信绑定手机/登录刷机等本机操作		**08** EIGHT 严禁使用第三方工具进行微信号管理	

除了这些资料以外，在本书案例部分的创作访谈中，我还跟这些在各细分赛道拿到结果的、充满幸福感的创业者，要了一份他们各自所在领域的独门秘笈，一共15份干货文档，一起送给你。

这是部分文档的目录，看了一定会让你很"哇塞"：

《肖厂长：个微养号SOP》　　　　　　《肖厂长：可复制的社群日常维护+朋友圈SOP》
《肖厂长：爆单连麦沟通模板》　　　　《肖厂长：视频号直播运营SOP全流程》
《王姐：成功升学必备锦囊3.0》　　　 《陈晶：万人知识主播的直播心法》
《杨坤龙：视频号变现手册》　　　　　《孟慧歌：单场实收307万的朋友圈发售文案合集》
《笛子：出海掘金秘籍》　　　　　　　《郭琳：视频号矩阵保姆级起号SOP》
......

内容很多，覆盖很广，而且都是精华。
仔细阅读，将会帮助你早日实现幸福感创业，或者在这条路上走得更轻松。

如何获取？
你可以扫描下方二维码，关注我的公众号「私域肖厂长」
发送关键词「幸福感创业」领取。

厂长希望和你一起，开启幸福感创业之路。

肖厂长

前 言 | PREFACE

32岁，创业10年

从8000万"分手费"到"准奶爸"

人不是因成功而幸福，而是因幸福而成功

在写前言的前10分钟，我给5个月的宝宝做了胎教，像所有新手奶爸那样，我害怕念错故事的每一个字。读完最后一个故事，小家伙踢了妈妈两下，隔着肚皮回应：喜欢听。

亲爱的读者，你好，我是肖厂长。

在琳琅满目的书里，选中了这本《幸福感创业》，恭喜，你是人群中最有眼光的1%。

我是一名连续创业者，本次创业已有10年，现在在做创始人IP。这是我的第6本书，也是我从幕后转型做创始人IP的第4年。

回想10年创业，从23岁到32岁，我攀登过顶峰，坠落过谷底，也经历过逆风翻盘。

23岁时，我还是一名银行小职员，在我工作的第3年，我勇敢地辞职，开启"拼命三郎"的创业模式。

26岁时，我拿到了累计4500万的融资，投资人包括经纬中国和腾讯双百。

28岁时，我是"年流水6亿"的准独角兽公司CEO。

28岁到31岁，3年时间，我支付了8000万"分手费"，给股东、投资人、合伙人、离职团队割肉断腕。同期，经历3年的"再次创业"，我成为左手小而美事业、右手幸福感家庭的"准奶爸"。

这期间，我的创业心态和状态，发生了180度的大逆转。

之前，我从来都认为，创业者是"孤勇者"，"不配追求幸福"。

经历3年的蜕变，我深刻理解了一句话：人并不因成功而幸福，而是因为幸福而成功。

今天，借着本人创业10周年之际，也借这本书的开篇，我想和你聊一聊关于成功，关于创业，关于幸福感。

从 18 岁表白被拒，到 30 岁结婚当奶爸

3个人生瞬间，让我体会到幸福的真正意义。

创业前7年，我是一名"舍命狂奔"的融资型创业者，靠着持续抓红利，拿到了不少大结果：

从微信的300好友，做到3000万私域资产；26岁拿到经纬中国和腾讯双百3300万A轮融资；7年合作了近百个英语IP，卖英语课，一年最高变现6亿元；构建了600人全职的商业"准独角兽"，全年365天无休，名副其实的"搞钱机器"。

但是，我不幸福，我很像疾驰在融资高速路上的赛车手，没有刹车键，笼罩我的，只有失速、失控。

为了找寻真正的幸福感创业，我付出了8000万"分手费"，亲手让游戏结束，一切归零。

2024年，我32岁。

不仅在30岁完成了人生大事，过上了完全不一样的生活，更重要的是，我在2024年，迎来人生的新时刻——当爸爸。

经历了10年，我才顿悟：原来，世界上还有这样一种活法，事业和生活，可以完美平衡。

能有这样的顿悟，除了新生命降临带给我的惊喜感外，人生非常重要的3个瞬间也重塑了我的人生轨迹，让我不仅找到了值得奋斗一生的事业，更拥有了我曾经不敢奢求的人生。

第一个人生瞬间——
18岁生日隆重表白，我经历了人生的至暗时刻

我从大学开始，就是个超级卷王。而这，源自一次羞愧难当、极其失败的表白。

我和她都是社团干事，因为学生工作认识。对方约了我两次一起自习，我便觉得对方也许对我有好感，于是开始谋划表白。

我那时完全没有谈过恋爱，但是我内心相信一个逻辑：只要你给对方足够的仪式感，对方大概率就会同意跟你在一起。

于是，我自信满满地对社团的全部小伙伴说，我18岁生日，要请大家一起吃饭，并打算在饭局上，身着正装领带，用准备好的玫瑰花，现场表白。

当时，我还拉了一些关系好的同学一起来策划。那次饭局搞了两大桌。只可惜，有人走漏了风声。

女孩一开始答应得好好的，但一直到饭局结束，她都没来。

现在想想，自己真是傻，火候还没到就表白。

意气风发的我，如果在饭局结束后就顺势放弃，也许我过的将是另一种人生。

但是，我当时一根筋，钻牛角尖。看她没来，我"越挫越勇"：我带着30多人，跑到她寝室楼下，准备喊她下来，当面表白。

我和30多个同学抱着玫瑰花，在楼下喊了半小时，起初她怎么也不下来，最后通过她的社团直属学姐相劝，她终于来了。

为了不给她太大压力，聪明的助阵团把30多名同学拉到距离我10米远，准备随时在我表白成功后冲上来起哄。

我抱着玫瑰花，与她交谈了一个多小时，掏空了所有热情和真诚，只为说服她点头答应。然而，她始终没有松口。

具体说了什么，我不记得了。但我只记得有句话，掷地有声地砸向我：

"我需要一位可以仰视的人。"

这句话，每个字都在瓦解我的自尊心。我强忍住泪水，让自己不哭。

她离开后，我在原地愣住了，大脑一片空白，也顾不上打一声招呼，几乎是飞奔着逃离了现场，因为我害怕丢脸。

我的同学和助阵团全都作鸟兽散。

回去的路上，我把精心准备的玫瑰花，连同我所有的骄傲，"哐当"一声，扔进了垃圾桶，跑回寝室床上，一边默默流泪，一边昏睡一天一夜。

而把玫瑰花扔进垃圾桶这个瞬间的记忆是如此深刻，以至于我现在每次看到类似的网图，都会回想起18岁生日，我人生的至暗时刻。

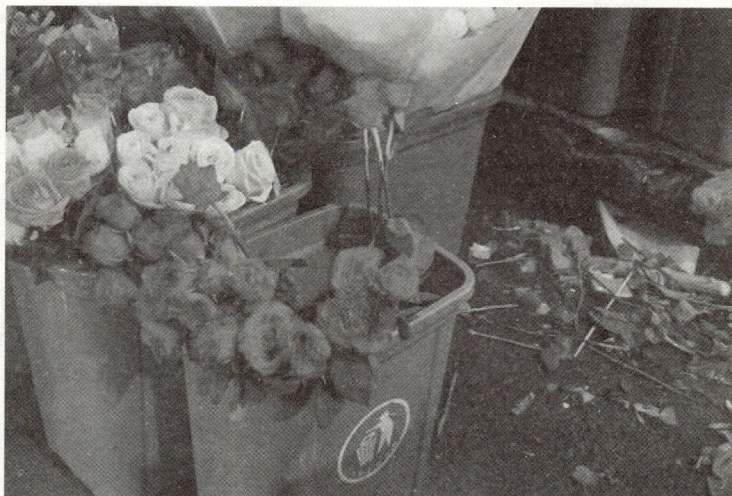

睡醒后，我默默地给自己立下一个誓言：

老子一定要成为一个"成功"的人。

而我就此化身"卷王"，成为不眠不休的奋斗机器。我也开启了追求"成功"的极卷人生。

她让我产生了一种错觉，以为幸福，就是成为一个超级成功的人。

第二个人生瞬间，是在2019年底——

那时，我28岁，人人都认为我"很成功"，而我知道，自己已走入绝境

第一次体会到成功不等于幸福，是在创业最开始的时候。

由于大学表白失败，我每做成一个项目，就会问：这够不够成功？

对"成功"的入魔，让我永远只向"大""多"看齐。

公司10人时，我就向30人看齐；公司达到300万GMV时，我就疯狂学习3000万GMV团队的战略打法；拿到经纬中国和腾讯双百3300万A轮融资后，我不断思考怎样能融到下一笔3个亿。

公司成绩斐然，不到几年GMV破亿，后面更是每年涨个两三倍。

但这背后，我也几乎赌上了一切：

365天，我无休止地投入工作。还记得一个国庆节，全部员工都放假7天，而我觉得企业文化这块做得不太够，于是把自己关在办公室7天，对照着课程和资料，一个字一个字，打磨出3万多字的《星辰教育团队手册》。

我当时一年只发10条左右的朋友圈，因为每天的事情太重复，所以朋友圈只有工作和加班。

除了赌上时间，我还开始提前白头，不得不时常将白发染黑，甚至经常因为一条微信消息而心悸、出冷汗。

我蒙眼狂奔，想要换来"成功"，但到了2019年，我发现，随着事业和公司越做越大，很多事情开始失控。

600人的团队开始有各种势力和内耗。而除了团队的内耗，IP之间、股东之间，也有各种利益追求。我当时相信一句在圈子里很火的金句：增长解决创业公司一切问题。

但，当公司一旦停止增长，所有问题都接踵而至。**我仿佛看到，一艘巨轮即将沉没，而我却无能为力。**

我开始逃避，每天下午5点，我偷偷提前下班，开着车，去京郊的军都山滑雪场滑雪。

夜场人少，我一遍遍地感受着从高空滑下的失重感，企图用这种感觉来麻痹自己对现状的无力。

在又一次滑雪后，我收到了刚刚出来的体检单，虽然没有检查出致命疾病，但也足够让我警觉。

"我不幸福，我很恐惧。我要换一种活法，一种我自己真正想要的活法。"

对融资创业祛魅后，3年时间，我花了8000万"分手费"，支付员工离职赔偿金，支付股东回购费用，支付合作违约费用。

就这样，我亲手"解体"了一次"成功"，告别过去，从内心出发，去追寻更有幸福感的活法。

第三个人生瞬间——

我32岁，当了爸爸

2023年11月，在深圳出差时，我惊喜而又意外地发现，我要当爸爸了，泪水夺眶而出，幸福感汹涌袭来……

这是我第一次猛然体会到，商业是赛道，而人生是旷野。人不是因为成功而幸福，而是因为幸福而成功。

后来，我在创业中，更是频频感受到这一点。

最近3年，我不仅构建了自己的20万私域，还推出了我的研习社、线下大课，以及高客单全案发售产品，深度影响了1000个创业者，广泛影响了100万创业者。

虽然营收只有高峰期的十分之一，但不靠投放，团队也能保持在30人以内的规模，让我少了很多忧虑和内耗。

更重要的是，我收获了创业的"安全感"和"自由感"。

什么是幸福感创业？

"幸福感创业"源于没有流量焦虑，以及团队成本降低的"安全感"。

我不用每天一起床就要思考公司今天欠了多少钱，账上现金还能支撑几个月，甚至晚上做梦，被公司破产的梦魇惊醒。我不用担心流量枯竭，如果想多努力一下，就去公域卷一卷；如果不想那么累，就在私域好好经营。

"幸福感创业"源于事业与家庭平衡带来的"自由感"。

我可以有一段完整的时间去体验不一样的世界，而线上协作体系，也让我和团队都可以灵活办公。2023年，即使是工作日，我也可以和家人出国旅行，一边体验世界，一边参与讨论、协作。

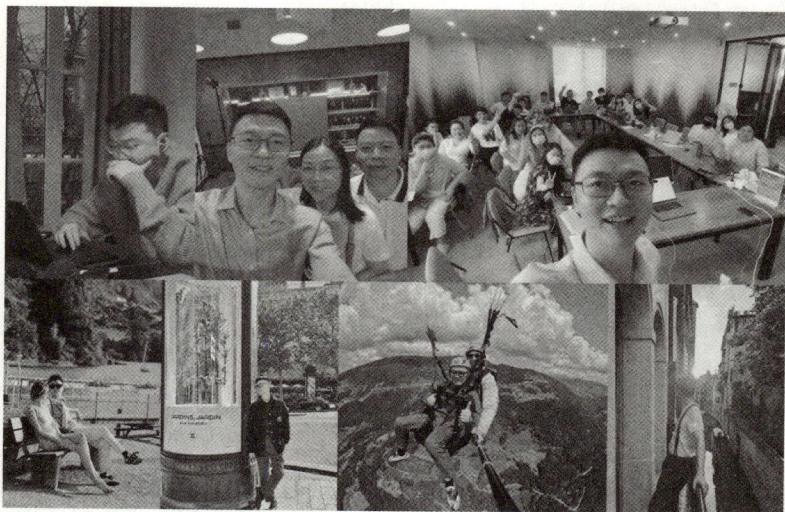

这两年，我不仅在一线城市有了自己的家，还为老家的父母改善了住房条件，让全家人在居住体验上提升了不少幸福感。

当然，"幸福感创业"也包括我帮客户扩大营收规模，对客户真正产生帮助的"价值感"，以及通过和团队一起努力，达成数字目标的"成就感"。

创业上的安全感，对自己时间支配的自由感，对客户的价值感，以及目标实现的成就感，这些共同构建了我的幸福感创业体系。

现在回过头看，当我调整靶心，把创业目标从追求"成功"变成追求"幸福"后，我反倒收获了内心真正渴望的"成功"。

原来，人不是因为"成功"而"幸福"，而是因为"幸福"才"成功"。

IP 红利时代，普通人这么做也可以收获幸福感创业

3年前，我决定换一种活法时，我脑海里反复响起一句话：向内求，向外修。特别是，向内求。自己想要的，才是最真实的，也是最幸福的。

以心为向导，做时间的朋友。我花了3年，探索出了一套普通人创业拿结果、可复制的打法。

这套打法，足以让任何一个有决心、有毅力、有执行力的普通人，在2—5年的时间内，获得相对确定性的结果。这个确定性的结果，不是让你瞬间大富大贵，而是让你拥有幸福而又富足的人生。

有能力的人，疯狂做加法。有智慧的人，疯狂做减法。有慧根的人，疯狂做确定性。

这套打法，我探索了3年时间，让自己在二次创业时东山再起，逆风翻盘，打造了一个30人不靠投放就可以实现7000万年GMV的小而美业务。

而当我这两年把这套打法复制给几十个垂类领域的IP，即我的百万全案客户，他们也通过这套打法，纷纷都拿到了结果。

我与出版领域的刘Sir、小红书40万粉丝博主璐璐、抖音商业直播间头部陈晶、品牌私域头部公司蓝鲸CEO高海波、销讲天王周宇霖、DISC创始人李海峰老师等几十个IP签约合作，跟他们一起用这套打法实现了业务破局。不仅让他们在一周内实现数百万甚至上千万的批量成交，还面向精准人群实现高势能破圈，极大地提升了合作IP在各自细分领域的品牌影响力。

这套人人都可以学会的打法，也是本书干货部分的重要内容。我会在定位篇、技能篇给你娓娓道来，详细拆解。

而这套打法，也是可以实现"幸福感创业"的重要打法。再次重复一句，

这套打法，不是让你瞬间大富大贵，而是让你高确定性地拥有幸福而又富足的人生。

人生是不断蜕变的过程，而我的本站，是幸福感创业

600人的公司缩减成仅有30人的团队，实现30人团队1年7000万变现后，我内心有一个强烈的声音：

任何求大、求多的想法都是不切实际，且异常让IP内耗的。

创业是一场持久战，只有追求幸福感，追求家庭、生活与事业的完美平衡，才能在这场没有尽头的创业之战中屡屡胜出。

因此，在我创业10年之际，我提出了我的创业新使命：

> " 让创业者
> 更有幸福感 "

我也更加明确自己未来10年的愿景是什么，那就是：

> " 10年时间，深度成就1000个IP
> 广泛影响100万创业者
> 收获充满幸福感的创业人生 "

深度成就1000个IP，广泛影响100万创业者，向内求、向外修，一起收获充满幸福感的创业人生。

这个使命和愿景，让我再次获得了强烈的奋斗动力。

我要感谢我人生23岁到32岁最宝贵的10年。这段经历，让我获得了写下本书的状态和心态。为此，我在32岁创业状态最佳的时刻，花了整整3个月整理思路，写下本书。

18岁那年，我亲手把人生第一次买的玫瑰花扔进了垃圾桶。经历10多年的蜕变，32岁生日这一天，我收获了一片花海。

　　在当下这个越来越内卷的时代，希望每个人都能通过本书找到属于自己的
富足而自由的人生模式，收获满满的幸福感。

肖厂长

2024年年初

01

CHAPTER

认知篇

幸福感创业是什么?
什么是最有幸福感的创业模式?

偷偷告诉你，最幸福的人，不是大老板，不是打工人，而是这样一群默默无闻的创业者……

在前言的部分，我讲了我的三个人生瞬间。这三个人生瞬间，不仅重塑了我的人生轨迹，还让我找到了梦寐以求的创业状态，也就是本书的主题：幸福感创业。

我花了10年，接触形形色色不同人群，最终在这样一群默默无闻的创业者身上，找到了幸福感创业的状态。

如果你对我的人生故事已经非常了解，那么你可以直接跳到认知篇的后半部分。

如果你对我的人生故事还不是那么了解，那么接下来15分钟，建议你认真跟着我完整的创业故事脉络，了解不同阶段我最真实的思考和感受，以及我是如何找到真正的"幸福感创业"的。

一个普通北漂青年，通往幸福感创业的10年

16岁，我以全校高考第一名的成绩考到北京；

20岁，我毕业后进入金融机构总部；

23岁，辞职开始创业，目标是公司上市，赚十辈子也花不完的钱；

29岁，认清现实，向内求，缩小公司，二次创业，开始自己做IP；

31岁完成人生大事，32岁当爸爸，开启事业与家庭兼顾的生活；

……

从打工人到创业者，我花了10多年，走了3重弯路，经历过4个阶段，终于找到了最幸福的人生活法。

第一阶段：在体制内打工3年，虽有强烈安全感，但我不幸福

我毕业时找到了一份人人羡慕的工作，进入了某金融机构的总部。

这份工作，不仅帮我在一线城市安身立命，更让我修炼了基本的职业素养，感受过正规公司的运转逻辑。

我现在依然很感激当时的运气和努力的自己。

为了获得这份工作，我刷公务员考试的题目整整一个月，并且不断找学长学姐为我做模拟面试。在一整天的笔试和3轮面试后，我拿到了这份工作的offer。

这份工作的薪水、福利待遇非常好，在2013年，也就是毕业第一年，我的年薪就接近20万，每年年终，我还能获得一大笔年终奖。

我每天朝九晚五，中午还有两个半小时的休息时间，而且据领导说，只要不犯特别重大的错误，进来了，就不可能轻易把你辞退。

我读书读得早，加上没有读六年级，因此参加工作非常早，单位的人说我打破了招聘最年轻的纪录，20岁就参加了工作。

我的同事大都是二十七八岁加入单位，还有一次，我看到一个比我晚一年加入的新人，博士毕业，30岁。那一刻，我还有一丝小骄傲。

工作的前半年我很开心，每天无忧无虑无压力，还可以经常跟着领导出差，见大世面。

但慢慢地，在工作满一年后，我慢慢察觉到了自己内心的变化。

待过大公司的人都有感触。大公司的第一个特点，是把每个人都变成一颗螺丝钉，在一个岗位上，每天干着同样的事情，日复一日，年复一年。

第一年，你可能还有新鲜感，但第二、第三年，这份工作就变得索然无味了。

特别是当我发现，比我工作经历多10年的领导每天做的事情跟我差不多时，我陷入思考：等我30多岁时，每天还是干这些事情吗？

这让我感到无力。

大公司的第二个特点，就是等级森严的晋升体系，官大一级压死人。你的领导不升，你往往很难有晋升的机会。而如果你遇到一个不给力的领导，不仅学不到东西，还会被打压，可能你青春的五年、十年，就全都浪费了。

这一点，来自我同级校友对我的吐槽。我的领导给了我很多支持，也教会了我很多东西，我对他无比感激。

大公司的第三个特点，就是太多完善的福利待遇体系，容易让人意志消沉。

这一点，一开始是吸引我去大公司的重要因素。但是当我真正享受到所有的福利待遇之后，我发现一个特别可怕的念头在我脑海里涌现出来：

这个工作太好了，不努力，是不是也可以过好这一辈子？

不敢想象，大学期间还是"拼命三郎"的我，一年后，居然会有这样的念头和想法。

这让我沉沦，让我每天都在计较，每天都在办各种手续，努力争取所有的福利，比如打车报销、出差补贴等。

而当我听到同事之间的讨论时，更让我产生了恐慌心理。

"听说，我们单位到了40多岁，出去真的很难找工作，没人要。"

"为啥？"

"因为我们单位太安逸了，福利待遇也好，年轻人学不到太多有竞争力的本领，主要是平台好，资源多，真要出去，没啥竞争力的。"

我要感谢自己的年轻，提前进入了社会，因为那个时候，我才二十一二岁，有足够多的时间和自由度，还没有背上过于沉重的负担，以及最重要的：我还有一颗赤子之心。

虽然有强烈的安全感，以及非常宽容的自由感，但是极低的价值感和成就感，让我做出我的人生选择。

在我当打工人的第二年，我决定，未来一定不再当打工人。

我不要平庸的人生，我要创业。

第二阶段：创业攀登高峰后，虽有强烈成就感，但我不幸福

我的创业之路，一开始还比较顺利。

可以说我运气比较好，也可以说，的的确确，我判断准了趋势，并且抓住了当年时代的一大风口：移动互联网和新媒体流量。

我还记得提出离职的时候，那还是2015年，当时单位的HR问我现在创业，干得过腾讯吗？人家都那么厉害了。

我没有做过多解释，只说了一句话：我是基于腾讯的平台做的创业，我并不是腾讯的竞争对手。

对，我的创业就是从微信公众号开始的。

经过我两年时间的摸索，当我辞职的时候，我已经有了40人的兼职团队、融到了100万的启动资金，并且凭借着自己敏锐的流量嗅觉，我在微信公众号上，已经有了100多万的粉丝。

我还记得当我提出离职的时候，我的领导惊讶的表情：每天看你工作完成得那么快，没想到下班后，你的副业搞得还那么好。

我成了我们部门60个人中，入职3年内第一个主动辞职的人，而且因为一些原因，我还交了几万块的违约金。

当我开始创业之后，我便放开手脚，All in创业，跟团队租了个民宅，既是办公室，也是自己的住处，我还发了一个朋友圈：

"拼命三郎又回来了！"

就这样，2015年年底，我们公司改名为轻课，突破200万粉丝。

2016年年底，我们公司盈亏平衡，融资了1100万。

2017年年底，我们再次拿到了经纬中国和腾讯双百的3300万A轮融资，平均单月营收突破了300万。

2018年年底，我们的几款产品：潘多拉英语、极光单词、达芬奇好课在朋友圈疯狂刷屏，每天公众号涨粉10万-20万，营收也节节攀升，每个月都能突破2000万。

2019年，团队持续增员，巅峰期有近600人。我们把品牌升级为"星辰教育"，无比膨胀的我，当时在公司内部开展了10多个业务线，还学习大公司，内部命名都不是××部门，而是"事业部"，甚至一度还想升级为"事业群"，现在看来真的是太膨胀了。

而就在2019年年底，2020年年初，一路顺风顺水的我，发现自己陷入了创业以来最大的危机：过度追求规模，而忽视了公司的惯性和风险。

我们当时的主要现金流，都来自低客单产品，对流量的依赖度非常高。而流量是变化最快的事物，流量红利往往半年到1年就会消失殆尽，而我们需要持续不断地去找流量红利。

不仅如此，当公司规模过大之后，各项开支、管理成本也急剧上升。因为过分追求"成就感"，希望公司早日上市，企图通过增长解决一切问题，我不断给团队和投资人画饼，让公司陷入了巨大的"增长惯性"：为了增长，不惜一切代价。

我突然发现，因为公司人员和业务过于庞大，自己的时间、健康全都投给了公司，并且过度透支。我面对这辆巨大而又失速的火车束手无策。

我让财务核算好账目之后，财务总监告诉我，每天必须赚够80万的利润，公司才能不亏损。因为当时公司近600人，一个月发工资、"五险一金"，就是1300万，还不包括房租、服务器费用、行政办公成本。

巨大的规模，也意味着巨大的风险。任何一个战略上的决策失误，可能都是几千万甚至上亿的代价。

那几年，我写了好几篇帖子，反思自己的决策失误给公司带来的损失。比如，在孵化员工IP上的失误，让我损失了1100万。再比如，在大班直播课上的决策失误，让我再次损失数千万。

我不由得在想，自己为什么创业？是为了面子吗？这是不是我真正想要的创业状态？

万一未来有个行业政策变动，如果我没有应对好，是不是就要负债上亿，万劫不复？（后来，我们所在的行业的确发生了巨震。）

为了工作，我经常通宵给合伙人和核心团队开会，半夜经常因为一个电话或者微信消息彻夜失眠。当我好不容易抽空去体检时，发现一向健康的我，好几项指标都出了问题……

表面上，我是"成就感"爆棚的准独角兽公司CEO，一个人管理600人的公司，每年营收几个亿。但实际上，我是完全丧失了"安全感"与"自由感"的工作机器。

在最高峰的时刻，在行业大调整来临的前两年，我选择了放弃。虽然放弃需要付出极高的成本，以及不被人理解，甚至承受各种被喷的代价，但我坚定地选择听从自己内心的声音：宁可屈辱地活着，也不要英勇地死去。（这句话来自《麦田里的守望者》这本名著。）

第三阶段：回归做创始人IP后，虽有安全感和成就感，但我依然不幸福

2020年，短视频和直播红利开启。

当我目睹把员工IP孵化出来而忘记签经契约时员工心态的巨大变化，以及我为此付出的千万学费后，我开始重视一个方向：自己做IP，靠自己的内容能力获取流量变现。

此处省略3000字，具体详见2020年我写的一篇文章，扫码关注公众号"私域肖厂长"，发送"千万学费"即可查看。

我做出了当时很多人不解，但是现在回头看无比正确的一个决定：从棋手变成棋子。从600人公司的幕后老板，变成台前自己拍视频做直播的IP。

我不再研究组织、管理、经营、股权、资本等这些搞规模，带领公司上市的技能。我开始面对镜头，写脚本，打磨自己的口播能力，练声，练习自己的表达和镜头表现能力。

曾经的CEO朋友们，还有资本大佬，都认为我疯了，公司干不下去，居然要干这事？而我知道，未来的时代，只有大象和小强，只有千亿级别的平台公司与小而美的内容型高利润团队。

凭借自己的刻意练习和不懈努力，我用两年时间在公域吸引了100万粉丝，并且引流了10多万到我的私域。

我定位在老板的营销培训赛道，将自己改名为"私域肖厂长"，把我对流量的敏锐度、对私域的理解做成课程和圈子型产品，教给我曾经的同行，以及想要学习新营销打法的老板们。

我以前很少出来讲课，也严禁公司的合伙人出去讲课，因为我们的经验真的可以直接用来变现。无数同行每天都在盯着我们，研究我们的新打法、新套路。

而当我找到新的定位，并且制作出属于自己个人IP的新爆款之后，我曾经的同行们，每天研究对标我的创业者们，都纷纷转变成了一个新的角色——我的学员。

凭借我的课程和付费社群产品，我的团队10个人，1年实现了千万的变现。

虽然营收的规模跟之前相比差距太大，但是这样的创业模型不依赖投放，单纯靠我不断输出内容，就可以持续变现。

回归做创始人IP后，我重新收获了"安全感"和"成就感"。

"安全感"来自小团队，低成本、高利润的业务模型，再也不用担心公司的风险太大和失控。"成就感"来自我的视频爆款，内容涨粉，各项数据让我依然不失成就感。

但是，作为一个拥有非常多流量的"内容型IP"，我依然不幸福。

为什么？且听我把最后一次转型的背景给你娓娓道来。

第四阶段：我花了10年，终于找到这样一个创业模式，实现了真正的幸福感创业

做内容驱动增长的创始人IP后，我的产品很简单，999元的私域课程，然后从学员里面找到高净值客户，升单到我的付费社群——恒星研习社。

每天，我都在做这两件事：第一，通过短视频和直播不断生产优质内容，来获取流量；第二，把流量不断导入私域，然后做销售成交。

不知道你有没有发现什么问题，我的增长依然是流量驱动型的增长。我每天花80%的时间做流量，做成交。

而我只花了20%的时间做交付。

为了获取流量，我不得不经常说一些"哗众取宠"的话题，不得不当"标题党"来吸引注意力。

为了实现更多的成交，我经常在直播间按照成交的模式，不断放大问题的痛点，这也是知识付费经常被人诟病"贩卖焦虑"的原因。

而当我花大量的时间做完这些事情之后，我发现，我还是会陷入这个层面的焦虑：流量焦虑。

我需要持续不断地去创作内容，成为算法的奴隶，去当标题党，创作绝对性的观点，来影响用户的情绪，从而获得算法的推荐，获取更多流量。

而一旦我停止做流量，我们团队的营收就会立马大幅度下滑。课程的客单价低，必须通过不断获取流量来持续做转化。

我不得不每天拍视频，做直播。这让我的时间被流量绑架，完全没有幸福可言。

而每天专注流量带来的另外一个问题，就是我没有时间去深度成就我的客户。

因为大量的时间都被前端内容创作所占据，我无法深入一个行业，深入一个案例，深入地跟客户打一场仗。

2021年，我发现了这个问题。2022年，我找到对标对象，开始改变。

我的对标对象，是品牌咨询领域的头部——华与华。

华与华的老板华杉，当时在公域并没有太大的流量，但是他深扎在一个极细分的领域：品牌咨询，并且一扎根就是20年。在这20年里，他做了无数个案例，比如蜜雪冰城、西贝莜面村等。

这些案例让他可以不靠流量就直接收行业超高客单价：1个客户，600万一年。能够付得起600万的客户极其优质，而形成的案例，能够真正沉淀为一笔资产，成为他业务模式的护城河。

关键是，一干就是20年，现在他公司人也不多，但是每年人均产值超级高，每个人二三百万。相当于每多招募1个人，就能够多二三百万的营收甚至利润。

而且，这样超高客单的模式，并不完全依赖流量。创始人也不需要每天拍短视频做直播，偶尔给自己放1个月的假，公司业务根本不受影响，可以拥有自由惬意的人生。

我开始学习他的精髓，并且把精髓复制到我擅长的每一个领域：IP、私域、发售。

我放弃了千元客单价的录播课产品，虽然这是一大笔营收，但是这会让我不自由。

取而代之的是，我推出了100万客单价的产品——IP全案操盘变现，并且跟对方对赌承诺：结果式付费。先预付100万，如果不能变现，全额退款，1分钱不收。如果变现超过一定金额，我还要继续分钱。

之所以敢推出这个产品，是因为我是营销方面的实战派专家，能够真正帮助客户完成变现和落地。所以给我付费最多的一个客户——抖音百万商业粉丝头部"清华陈晶聊商业"在我们合作的第一年，就给我分了300多万。

而给我付100万的客户，在2023年，就突破了20人。

2024年3月，我在长沙举办了一次线下大课，3天时间，现场就有18人跟我签约百万发售操盘。

我通过转变思路，把客单价从999元提升到100万，把公司的增长模式从流量驱动的增长，变成产品交付驱动的增长。公司的团队只增加了10多个人，而我的变现，却从1年千万增长到1年7000万，并且还在持续增长。

这样的创业模式，使我惊喜地发现：

第一，我收获了"价值感"。因为我深度成就了少部分人，帮IP实现了私域的搭建，以及发售的批量变现。

第二，我收获了"成就感"。打造了小团队高营收，以及稳健增长的业务模型。

第三，我拥有了"自由感"。我可以旅居办公，1年4次出国或者自驾游，而不是天天拍短视频做直播，为内容和流量焦虑。

第四，我还能拥有"安全感"。持续增加的客户案例，是我的壁垒。持续增长的私域资产，是我的壁垒。团队少而精，人效高，我不再为每个月1000万的工资而焦虑。不依赖投放，自发的口碑推荐，直接成交，让我对未来的发展充满信心。

我有好几个大客户，都来自客户的转介绍。光陈晶一个人，1年内就给我转介绍了4个百万级大客户。

在真正找到一个好的对标对象，集齐四大要素后，我发自内心地感受到，我终于找到了我心仪的创业和生活方式。

我把这套打法、这个模式称为**高客单超级个体**。

客单价高、创始人IP、团队小而美、产品驱动而不是流量驱动。

这是我对高客单超级个体的商业模式定义。而高客单超级个体的商业模式，也是兼具价值感、成就感、自由感以及安全感的创业模式。

在找到这个业务模式之后，我迎来了我的人生新角色：我要当爸爸了。

人生的新角色，以及人生的新状态，在我32岁这一年同时实现。我想，经历了10多年的探索，我是幸运的，我也是幸福的。

也正是这样的契机，让我在32岁时，找到了我的人生新使命：

让创业者更有幸福感。

我也期待，在未来10年，深度成就1000个IP，广泛影响100万创业者，让更多人成为有幸福感的创业者。

正是这样的愿景，让我在工作之余，动力满满地、一个字一个字地写下这本《幸福感创业》。期待用我的亲身故事，以及我最重要的几个技能，来赋能每一位读者，让你们少走弯路，实现幸福感创业。

以上，是本书的导论。

接下来，对这四个衡量标准，做一个更具体的说明。

你也可以自我代入，看看目前你距离真正的幸福感创业还有多远。

幸福感创业的四大衡量标准

幸福感创业的第一大标准：价值感

幸福感创业，并不是躺平。

对，绝不是躺平，不是每天无所事事，就可以源源不断获取被动收入。相反，我看到过很多财务自由的人丧失了人生的目标，玩了一两年之后，人生过得非常无聊。

这种感觉，就像是你玩游戏突然开了外挂，可以调整参数，让你拥有无限金币、无限技能，轻松秒掉大BOSS。而当你实现了之后，你会开心1小时，各种开挂通关，快速发泄自己的欲望和情绪，然后你会发现，这个游戏毫无乐趣，于是卸载。

幸福感创业的第一大标准，就是价值感。这是建立在你对你做的事情极度认可，并且享受给别人提供帮助和价值后自己收获的快乐。

这种快乐，是内啡肽而不是多巴胺带来的，是一种成就驱动型的快乐。

比如，厂长帮助一个创业者完成一次发售，单场实现300万的变现，对方在短期内实现了极高的商业价值，以及个人品牌势能爆发式提升后，在朋友圈发了一封长长的感谢信。当我看到这样的好评时，我非常享受。这种帮助别人一起打仗，实现目标的感觉，让我很有价值感。

再比如，厂长签约的很多IP，其中有做家庭教育的，他们成功地挽救了一个问题儿童，帮对方改变底层的心态，从问题少年变成积极少年，成功考上985、211后，收到家长的感谢信，收到孩子充满感激的语音或者视频。这也是一种价值感。

再比如，专门帮人做成交的高手在面对交付很强但是不会成交，甚至不懂表达的专家IP时，把对方的价值点提炼出来，并且按照一套清晰的表达公式，让专家表达出来，客户听懂了，完成匹配，下单，这也是一种价值感。

人活着，一定要找到自己存在的意义和价值。而帮助别人，让别人变得更好，让这个社会变得更好，让这个世界因为我的存在而变得更加美好，是每个人都可以给自己定下的人生使命。

这也会让你幸福地过好这一生。

幸福感创业的第二大标准：成就感

成就感，更多的是一种世俗意义上的成就，或者成功。

说得更接地气一些，就是自己能赚到钱，获得对应的回报。

单纯有价值感，而没有商业上的回报，或者成就感，这样的事情不可持续。

比如做公益，也会有很强的价值感，但是为什么很多公益组织都没法像商业组织这样人才济济，获得更大的影响力？关键在于，缺乏了商业手段和商业回报。

幸福感创业，是通过给别人创造价值，获取自己合理的回报。这种回报，是自己的收入，是自己可以让家人过得更好的前提，也是让团队过得更好的前提，更是招募到优秀人才，实现良性循环的基础。

相信这一点，大家不难理解和认可。

幸福感创业的第三大标准：自由感

自由感的体现，是对时间支配的自由，并延伸为更好地关注自己的身体。

很多创业者都在用生命换金钱，必须一刻不能停歇，才可以勉强维持公司的运转。

这样的老板是公司最忙的业务员，他们全年无休，也不敢休息，因为一旦休息，业务单子就会被别人抢走，甚至员工也会成为他们的新竞争对手。

很遗憾，厂长以前就是没有自由感的创业者。

我全年无休时，经常做梦梦到公司破产，梦到因为公司的高规模、低利润，每天走钢丝，一个决策不对，就会导致公司支撑不下去，供应商讨要工资，用户不满闹退费。

以前，我以为创业者天生就不可能有自由感，不可能有多余的时间兼顾事业与家庭。

到后面我才发现，不是没有这种模式，而是我坐井观天，圈子太狭窄。

现在的厂长，每年都会给自己安排4次超过7天的小长假，过年甚至会休息1个月的大长假。而且因为团队带得好，大家都有默契，我根本不需要每天兢兢业业地去办公室，给大家当面开会，盯着大家不许迟到早退。

对，我们是一个不设置打卡，也不设置考勤，全员都可以随时在线办公的团队，因为大家都在不同的城市工作。我相信，这样的团队，也是幸福感爆棚的团队。

我经常说一句话：做好定位，用对杠杆，你也可以实现充满自由的幸福感创业。

具体行业如何选，如何做定位，应该用哪些技能来辅助你的业务，我们会在本书的第二和第三篇，给你娓娓道来。

幸福感创业的第四大标准：安全感

创业挣的钱，是风险的钱，是因为你可以承担别人不敢承担的风险，才能挣到的钱。

但是，很多人都对风险缺乏理解。其实商业世界中，存在一种"低风险"的创业模式，能够理解"低风险创业"，"管理好风险"，你将拥有充满安全感的创业人生。

低风险的第一个要素，是小团队。

所有的企业，都不可避免地拥有一个最重的成本：人力成本。你要知道，在中国，《劳动法》主要保护的是劳动人民的权益。作为企业家、雇佣者，只要你跟员工签署了劳动协议，就意味着，你必须承担一系列的法定义务：

1.按时发工资；

2.不能轻易减工资，轻易调整员工的岗位职责；

3.不能无理由直接开除员工，除非你愿意给赔偿；

4.要给员工按时足额缴纳"五险一金"；

……

这几条都非常重要，创过业的老板，经常在员工发工资前几天焦虑，因为账上没有足够的现金来发工资。特别是在中国，你要开价1万月薪招募一个员工，"五险一金"全额缴纳，你需要付出1.4倍左右的成本，也就是1.4万，加上房租、办公成本等，相关开销巨大。

厂长高峰期，每个月给员工开1300万的工资，后面在公司从600人降到60人的过程中，我也花了几千万来支付员工的离职赔偿金。招人和开人，都是极其消耗精力、消耗财力的事情。

另外，团队多了、大了之后，不可避免会产生各种内耗、管理成本。当你的公司到了500人之后，你每天都会想怎么有这么奇葩的人存在，需要你去救火，这也会让你过得不幸福。

所以，低风险创业，拥有创业的安全感最重要的一个原则，就是保持团队小而美。

低风险的第二个要素，是重视私域。

在第三篇技能篇中，我会着重讲私域。这里先讲讲私域为什么那么重要。

厂长的IP名称，就是"私域肖厂长"，我自己从2014年开始做公众号，2015年正式创业做私域，从300好友做到了3000万的私域资产。

在公司亏损最严重的几段时间，厂长都是通过自己的存量私域力挽狂澜，不断产生现金流，帮助公司渡过难关。

你可能会问，私域是什么？

在第三篇里，我会给你解释私域的本质是什么。这里用一个接地气的说法，就是：把包括你客户在内的所有人都加到微信里。

当你把人加到你的微信好友，并且你愿意系统地、有策略地运营你的朋友圈、社群，那么，对方就是你的私域，你就在做私域运营。

如果你现在正在创业，但是没有做私域，相信我，如果你把私域做起来，你每年至少可以有50%—1000%的利润增量。

私域资产，是可以伴随你终身的资产。哪怕你账上没有一分钱，甚至陷入负债，你都可以用你的私域逆风翻盘，东山再起。

厂长的办公室里有一把椅子，我把它叫作"没做私域，后悔不椅"。在这把椅子上，有至少10个IP都表示，自己做私域做晚了，太后悔，应该早点开始累积私域。

低风险的第三个要素，是重视交付和客户案例。

最好的增长，不是通过算法，也不是通过裂变，而是通过口碑。

最好的品牌资产，不是来自投放，不是来自主动营销，而是客户案例带来的口口相传，被动成交。

最好的销售，不是讲我们这个产品多么好，而是讲谁通过我们的产品、服务拿到了怎样的结果。

案例跟私域一样，可以不断积累，成为你长期的护城河、你的行业壁垒。

没有壁垒的商业模式，注定是没有安全感、不幸福的。

厂长之所以从第三阶段过渡到第四阶段，就是因为如果花80%的时间做流量，只会获得短暂如烟花般灿烂的虚假繁荣。

而如果能够花主要精力把案例做好，这会成为我们持续不断增长的动力，即使停下来一阵子，也不会对营收有任何影响。

以上，就是幸福感创业的四大衡量标准。

亲爱的读者，你可能会问，那究竟应该选择什么行业，具体应该怎么做，才能够实现幸福感创业，并且能够像厂长一样，收获价值感、成就感、自由感以及安全感？

接下来，在第二篇，我会讲一个重要的概念：高客单超级个体。

这是普通人看准时机，找对方向，学对技能，花几年时间努力，就有很高的确定性，可以实现的幸福感创业模式。

有能力的人，疯狂做加法。有智慧的人，疯狂做减法。有慧根的人，疯狂做确定性。期待你翻开下一篇，继续跟厂长一起探寻幸福感创业之旅。

02

CHAPTER

定位篇

什么是高客单超级个体？选什么行业可以成为充满幸福感的创业者？

普通人收获幸福感创业的商业模式 ——高客单超级个体

悄然间，创业环境正在发生改变，伴随着移动互联网、短视频、直播的崛起，创业更多的是以小而美、超级个体的形式存在。

罗振宇曾说过："一切坚固的东西都将烟消云散，个体崛起的时代已经到来。"

很显然，他提到的个体，正是我接下来要具体阐释的——普通人如何在错综复杂的社会中收获家庭的幸福与创业的成功。

实现幸福感创业的方式多种多样，但是成功率最高，并且最容易达成家庭和事业平衡的，就是成为高客单超级个体。

高客单+超级个体？怎么理解？

用大白话解释，就是自己是一家公司，公司人员不多，但是产值巨高，同时，自己还是一个品牌，专注于服务高客单人群，给他们提供高客单的产品或服务。

2024年，我频繁在台前提到"高客单超级个体"，我笃定接下来属于普通人的商业机会，一定是小众、低频、高客单、重交付的精准垂直赛道。

那为什么是超级个体？为什么是高客单超级个体？

为什么想要做大、做全的老板，最后往往并不那么幸福？

想要找到一个适合自己的定位来切入，应该如何定位？

有哪些小众但特别赚钱的定位案例？

看完本篇，相信你对高客单超级个体，以及如何定位，会有更深刻的认识。

高客单超级个体是什么？成为高客单超级个体最重要的一步是什么？

《纳瓦尔宝典》里写道："人生三大要素是财富、健康和幸福。我们依次追求财富、健康和幸福，但按照重要性排序则是反过来的。"

今年，当我得知自己要当爸爸后，激动之余，开始深思的一件事是，一个创业者，不舍昼夜地拼命，到底是为了什么？

是赚钱还是生活？我觉得都不对，应该是追求人生的幸福感。

人之一生数十载，金钱、名声和地位，都是虚空，生不带来死不带去，而这趟旅程的体验，才是真实的。

我也曾追求过不切实际的目标，但是这些目标让我很痛苦。后面我发现，人生真正应该追求的，是幸福感。

"幸福"才是人生的终极目标，把它挪到商业里，每一位创业者都要想清楚，并且真实的与自己对话：自己创业的目的究竟是为了什么？

我用10年创业历程，支付8000万"分手费"解散600人团队，用5年时间组建30人团队，年变现超过7000万，商业起起伏伏，终于探索出了能实现幸福感创业的商业模式：高客单超级个体。

什么是高客单超级个体？

在厂长的定义中，一个IP，在极其细分、1毫米宽的领域，做到1万米深，并且只服务这个行业最高端、最有价值的一类客群，能够收到同行3到5倍，甚至10倍以上的客单价，还能做到交付好、口碑好，这就是高客单超级个体。

它有3个特征：

1.IP本人能力或资源的不可替代性；

2.客单价远超同行，不跟同行打价格战；

3.只服务高端头部客户，并能帮助客户拿到超出预期的结果。

我从一名普通的银行小职员，通过7年创业，创立一家近600人规模，年流水6亿的公司。然后，经历差点破产、裁员，再次回到小公司，成为一家有壁垒、高利润的超级个体团队。

10年的创业经历，我走了无数弯路。最终，这些经验教训让我深刻明白，一名普通人从零开始，做到千万级高客单超级个体，其实并不复杂，只需要3个关键步骤。

第一步，找到定位方向。这个方向是行业刚需，离钱很近，你也愿意花费10年以上的时间去深耕的行业。

第二步，在这个行业里，帮身边朋友解决一个具体的业务问题，也就是从一个具体的问题入手。

第三步，找到有同样问题的其他客户，累积经验，不断把解决同类问题的能力修炼到行业顶尖，并且借助IP的力量，内容杠杆，放大你的商业模式和变现。

这三个步骤中，第一步和第二步，也就是定位，非常非常重要，它直接决定你能不能少走弯路，找到属于自己的一个蓝海赛道，并且在这个赛道深耕，成为一名头部高客单超级个体。

所以，普通人创业，不要每天痴迷于研究各种大公司极其复杂的商业模式，而是要从解决你身边一个实际问题入手。

你可能会好奇，超级个体不是应该把流量做好吗？一个人，一个自媒体账号，几百万粉丝，每天做流量，直播带货或者卖课，这样的人好像也可以赚很多钱，我可不可以像他们一样？

可以，但是不建议，而且非常不建议普通人走流量型超级个体这条路。

为什么是高客单？为什么不建议做流量型超级个体？

"超级个体"这个概念，从2021年开始就特别火。厂长也非常认可超级个体这个理念，亲身践行了，把公司从600人降到30人，而且还写了一本书，名字就叫《超级个体》，这本书也是厂长的代表作，豆瓣评分8.7分。

超级个体

作者: 肖逸群
出版社: 人民日报出版社
副标题: 个体崛起时代的财富方法论
出版年: 2022-12
页数: 363
定价: 59
装帧: 平装
ISBN: 9787511576842

更新图书信息或封面

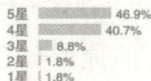

豆瓣评分
8.7 ★★★★☆ 113人评价
5星 ▮▮▮▮▮▮ 46.9%
4星 ▮▮▮▮▮ 40.7%
3星 ▮ 8.8%
2星 | 1.8%
1星 | 1.8%

想读　在读　读过　评价: ☆☆☆☆☆

✎写笔记　✎写书评　¥加入购书单　✚添加到书单　　分享到▾　　　推荐

无数读者，都通过厂长书中的理念和方法论，改变了自己的创业方向，并且实实在在地拿到了结果。

但是，最近有很多人发现，超级个体的红利，特别是流量红利，其实在慢慢消退。在这背后，是多种因素的共同作用。

第一个因素，是内容平台的增长放缓。抖音、快手、小红书等大内容平台整体的用户规模，以及用户的使用时长，在一两年前都停止了增长。

平台增长放缓，但是内容创作者数量在不断增加。这进一步增强了内卷，在公域通过内容获取流量的难度大幅度提升。

听个课，随随便便拍个视频，就有几万点赞、几百万播放量的时代，已经一去不复返了。

你可能也有感受，以前平台经常会有现象级网红出现，但是这两年新的网红越来越难起势。不少流量很大的网红也都纷纷断更。

做内容，越来越内卷。

第二个因素，是平台的商业化日趋成熟。

一些创业新人说，平台商业化成熟，究竟是什么意思？跟我有什么关系？平台挣平台的钱，我发我的视频呗。

我想说，终究还是太年轻。平台商业化成熟，代表了平台底层逻辑的两个变化。第一个变化，是平台最优质的流量，都只给付费推广的自媒体账号。

我身边有很多大博主，以前靠自然流就可以起很多新流量，涨很多粉丝。但是到了这两年，都纷纷转战做付费流，也就是不断花钱，买直播间和短视频的流量。而且只要不花钱，数据就会非常难看，因为平台不再给大流量或者优质的流量。

第二个变化，就是平台会严格限制私下引流。以前大家经常去抖音、小红书通过私信、粉丝群、订单手机号等方式，去"偷平台流量"。但是平台最近对于这块的限制和打击越来越大，动不动就封号，引流的难度跟几年前相比不可同日而语。

有过创业经验的创业者应该明白，在商业化成熟的平台上做生意，不花钱，是很难长期挣大钱的。而你一旦开启花钱付费投放的游戏，那么这场游戏注定只有1%的赢家才有生存的空间。

而这1%的赢家也是刀尖舐血，因为投放这种事情的风险会急剧升高。平台的一个政策调整，就会让一个业务线瞬间倒塌。

厂长做过投放，这是一条凶险的路，而且资金启动的要求非常高，可能烧个1000万、2000万，都不一定能跑通，这里不建议普通人All in来做。

所以，在平台增长见顶，商业化日趋成熟的背景下，如果你还寄希望于做流量型的生意，做流量超级个体，通过大量的流量直播带货或者卖录播课，这种低客单的商品或者服务，成功率只会越来越低。

再次重复这句话：有能力的人，疯狂做加法。有智慧的人，疯狂做减法。有慧根的人，疯狂做确定性。

那做什么方向，拿结果相对更有确定性？

答案就藏在这10个字里：**小众、低频、高客单、重交付**。

我在2022年的时候，就给我的学员写文章，强烈建议他们未来往这10个字的方向转型。

而我也从2022年开始放弃在公域做流量，而是转型到私域，专注做高客单、重交付的事情，并且迎来了一波业务的快速爆发增长。

有不少听了厂长建议的学员和大客户也跟着厂长一起转型，在本书的案例篇，我会将他们鲜活的转型故事分享给你。

资本进不去的市场，是普通人捡钱的地方

很多人一听小众、低频、重交付这几个关键词的时候，就会感觉：这生意做不大，增长好像也很慢。做这种行业，资本都不会投资，有做的必要吗？

我想说，对没有积累、没有资源的普通人而言，资本进不来的地方，正是普通人捡钱的地方。

我以前玩资本驱动型创业，在我26岁的时候，就拿到了腾讯双百和经纬中国等5家投资机构4500万的投资。我跟许多资本都打过交道，我非常了解资本的玩法。

他们看到一个大市场，一定会押注前几名，然后靠价格战、非常规掠夺的方式伤敌一千自损八百，来加速行业的头部化，最后赢家通吃，一将功成万骨枯，整个行业都尸横遍野。

在这种大市场里，普通人根本没得玩，甚至专业玩家都要殊死相搏，最后

只有实力最强劲的三五家能笑到最后。

所以，普通人创业，想要做到低风险、高胜率，一定要选资本不会轻易进入的行业。不要幻想着你可以成为那1%，否则，作为普通人，你的创业就是死路一条。

符合这种特点的行业或者赛道，一定不是大行业，也不是高频的行业，而是相对小众、低频的行业，而且一般都是以第三产业服务业为主。

最为典型的，如知识付费行业、咨询业、教育培训行业、美业、大健康行业，以及一些带有文化属性、IP属性的行业。

我有个百万全案发售客户酒店葛老师。我曾经一次发售帮葛老师实现了几百万的变现，一次招了几百个学员。他做的行业，就完美符合小众、低频、高客单、重交付的特点。

他的客户都是酒店老板，对，不是酒店从业者，而是酒店老板。一个城市可能只有几百个人，全中国可能也就不到50万人。

但是，就是这50万人的细分群体，每个客户收费5000到10万不等，假设有1000个人，每个人每年付5万给葛老师，1年就是5000万的收入。关键是葛老师的团队规模并不大，除去人工成本，这样的商业模式，利润非常高，而且因为是小赛道，竞争对手也不多，是对普通人非常友好的一个赛道。

因为赛道小，产品相对低频，因此在这种小众市场，你必须提供高客单的产品或服务，必须有真正的绝活，可以给客户带来真正的帮助。

比如，厂长的绝活，就是帮高客单IP做定位，做私域，并且完成一次就能变现100万~1000万。

这样的能力来自长期的积累，更来自长期的专注：不断聚焦一个细分群体，扎根一个业务场景，不断做1年、2年、3年、5年，甚至更长时间。

这个过程，并不是一蹴而就的。长期耕耘，长期专注聚焦，可以让你收获非常强的"价值感"。你可以真真正正帮到客户，帮他们拿结果，帮他们解决问题，帮他们实现自身或者业务的真正突破和迭代。

给别人创造价值，你不仅可以赚到钱，还可以收获创业的"价值感"，让你感觉到，自己做的一切非常有意义，收获幸福感创业。

还有哪些高客单超级个体案例，可以参考对标？

成为高客单超级个体，需要学会找对标，学习对标的商业模式。葛老师是一个。而厂长身边有许多跟葛老师一样的高客单IP创业者。

"成功的关键在于做出正确的选择，而不是做出容易的选择。"布莱恩·特雷西的这句话，是一个普通人少走弯路的方法，就是找对标，学习对标，模仿对标，甚至超越对标。

接下来，我简单介绍3位恒星研习社成员，看看他们是如何一步步成为行业头部的高客单超级个体的。

第一位：小红书40万粉丝的头部商业自媒体博主、当当畅销书《活在你的优势上》作者。

她的名字叫璐璐，专注小红书领域，7个人的小团队，每年变现超千万。

能有这样大的变现，你一定想不到，她只靠一个平台，就是小红书。

在投身小红书创业之前，她是一家500强企业的职员，实习工资只有5000多元，哪怕工作两年后，工资也才10000元。她在海淀区租一个单间就要4000多元，入不敷出，她的生活过得捉襟见肘。

她本身学历优异，通过保研直博的资格，还考到了哥伦比亚大学，但却无法用学历为自己拼一个富足的前程。她开始怀疑人生，也终于体会到，学历无法改变命运，打工也不能实现财富自由。

她开始进行线上创业，用3年时间深耕小红书领域，经过我的操盘，她的产品——定价9800元的"红人馆研习社"，通过3场发售，卖出了700多单，变现700多万。后端再针对有需求的人推出更高客单的产品和服务，打造高客单案例。

一个人的成功，靠的不是运气，也不是努力，而是选择。选择对的赛道，选择对的同盟，你的人生会实现华丽蜕变。

第二位：IP故事销售信"头号女枪手"、累计文案卖货1亿+。

她是安顿。在她成为一名高客单超级个体之前，已经在销售文案界成了头部。

她曾用一篇销售信，把她的"爆款文案训练营"卖出了6300多份，变现600多万。后来，她持续深耕IP故事销售信领域，拿到了巨大结果。

接着，她自己创业，一腔热血，没想到理想很丰满，现实很骨感，创业从来不是一场心血来潮的游戏。很快，她的公司倒闭破产，员工解散，她最终变得一无所有，孑然一身。

后来，她意识到，一个人想要突破重围，摆脱桎梏，需要向外求、向内省。

她开始回到"能力圈"，她选择了打造个人IP，把她的文案力变成自己的核武器，一举成为行业头部IP故事销售信撰稿人。

第三位：朱雀会创始人。

她是Mini姐。从一名需要卖掉一头长发，才能买100元一条的牛仔裤的贫穷女孩儿，到全网拥有200万粉丝，成交过上万名富豪，一个月认识100个富豪的"富婆专业户"。

她用高客单形式，实现了自己的高客单超级个体的商业模式。

她的目标人群非常精准，就是年入过亿的超高净值人群，产品体系也很垂直。

从以上三个案例，你可以发现一个规律，任何一个高客单超级个体，都是用高客单的产品体系、细分的垂直赛道、重交付的服务，来引爆自己在行业的影响力。

好的答案，来自好多答案

看到这里，你可能对自己如何定位依然有很多疑问：他们的定位，的确是很好，但是貌似没有适合我的。我如何找到真正适合自己的定位？

海峰老师经常说一句话，让我印象深刻：好的答案，来自好多答案。

很多时候，并不是没有适合你的定位，而是你没有见识过足够多的好定位。

厂长从2020年开始，也一直在不断找定位，优化自己的定位。在2022年找到真正的好定位之前，我也经历了两年多的迷茫期，不断换定位，不断调整，不断优化，不断迭代。

具体的过程，我后面再详细展开。但整个过程中，我持续不断做的事情，就是付费，花钱，找各种牛人请教，也加入不同的研习社、付费社群、高端圈子，来找对标案例。

每年，我都会给自己大概20万~50万的预算，来进行各种学习和自我迭代。在高能的圈子里，我可以快速找到好多问题的解法，不管是定位上、流量上、成交上，还是团队管理和交付层面。

跟他们的交流，也让我省去了许多的时间，少走弯路。通常跟一个过来人聊上两个小时，我就可以快速知道所有的坑。

发售这个定位不是我原创的，我也不是这个行业做得最久的IP，甚至之前在发售这个行业，我还是一名默默无闻的新兵。

也是因为在一个高端圈层里，我认识了好几个做发售很厉害的IP，通过向他们学习请教，我了解到发售这个能够实现批量变现的方法。通过努力，我探索出一套自己独特的打法。最后，通过两年的努力，我成为私域发售的实战派顶流。

所以，你想做高客单创业，我建议你先付费进入一些优质、主题明确的高客单社群。

先在这样的社群里反复浸泡，不断提升自己的认知，找到足够多的学习对象，找到足够多的"好答案"，最后，属于你自己的"好答案"自然就会出现。

用一句耳熟能详的话结束这篇文章：你永远赚不到认知以外的钱。同理，你永远成为不了你没见过的样子。

厂长的恒星研习社，就是一帮高客单超级个体高手的聚集地，大家在研习社里，不断研究如何做定位、搞流量、积累私域，以及做发售。

本书的全部案例都来自我的研习社成员，他们中的很多人都实现了几个人的小团队，长期深耕一个细分赛道，并且自己做IP，公司年入千万。

在定位篇的最后部分，以及案例篇，厂长会给你介绍我身边那些非常优秀的高客单超级个体，给你拆解他们的商业模式以及绝活技能，供你参考学习。

好的答案，来自好多答案。当你熟知100个优秀的答案，倒背如流，那么你不仅可以完成一个好的商业定位，还可以像厂长一样，成为高变现的垂类商业IP。

定位的三大底层逻辑，实现高客单 IP 创业的认知破局

厂长给超过200名研习社的成员做过一对一咨询。

厂长的恒星研习社基本都是老板、创始人IP，目前已经有近千人加入，涵盖各行各业。

每次研习社成员来咨询，不仅是我深度答疑解惑，给他们提供针对性方案

的过程，也是我深度了解一个行业、一个模式的方式。通过200多次咨询，我也获取了大量的真实商业模式案例，并且接触了很多不为人知、低调赚钱的细分赛道。

在我接触过的所有咨询客户当中，他们问得最多的问题，都跟定位相关，占比达到80%。

俗话说："定位定江山。"当你决定打造线上个人IP时，第一件事，就是要学会定位。

找到定位，你才能找到你的目标客户，才能拿到实实在在的结果，才能让你的IP实现复利增长。

很多人一上来，先讲自己的宏伟蓝图、自己的远大抱负，等到落到实处，真正开干时，却不知道从何开始。定位不清晰，产品体系模糊，商业模式没有。

什么是定位?

内容至上时代，个人IP需要用一个形象在社交媒体上展示自我，获得个人影响力，而这个能将IP的兴趣、特长、经历、视角等要素融合，形成一个独特的存在，这就是定位。

它有助于IP在网络世界中建立起良好的形象和声誉。

除此之外，IP所有的商业模式，产品体系的搭建，都要围绕着IP定位进行。接下来，我将详细拆解有关定位的底层逻辑，读懂学会，你会具备商业的迁移能力。

定位的底层逻辑 1：定位，就是找到你的商业天赋

定位，定的到底是什么?

在我的理解中，定位，就是找到你的"商业天赋"。

普通人，想要通过打造个人IP实现年入千万，首先要找到你的商业天赋。

这个商业天赋，是你能够干10年的商业定位，集喜欢、擅长和易变现于一体。

喜欢，指的是想做。

你发自内心地热爱这件事，有热情、有心流，这件事能够干10年，哪怕一开始不变现，你依然可以从做这件事情中找到乐趣。

这也是幸福感创业的一个底层标准，如果你不热爱你做的事情，就根本没有幸福感可言。

擅长，是能做，能够驾驭。

很多人都爱玩车，爱看电影，但这并不代表他们会造车，能够拍出好的电影。擅长的体现，是你的专业能力能够成为行业的前20%，甚至成为前5%。

易变现，是可做，这件事离钱近，容易变现。

你喜欢和擅长这件事，但是这件事不能变现，那这件事很难成为你的事业，你也无法以此谋生。易变现，是你获得真正正反馈的开始，也是你可以不断迭代能力、组建优秀团队、找到顶级合作伙伴的基础。

世界上最幸福的人，就是做着自己有热情，自己擅长，又可以持续变现的事业。比如厂长，我喜欢写书，我也擅长用文字表达，而写书这件事情，又能给我带来非常好的商业回报。

所以，厂长并不觉得写书很累，相反，我很享受这种心流创作的过程。

其实，商业天赋的定义很简单。好的商业天赋，就是喜欢、擅长、易变现的三圈交集。真正最难的，是找到你的商业天赋。

关于如何找到好的商业天赋，我们会在下一节详细展开。

在不少咨询案例当中，我发现了一个共性问题。很多人以为做超级个体创业，就是先搞流量，等流量搞完，再想定位的事情。

每次碰到这样的学员，我都会给对方泼一盆冷水：你流量做起来之后，大概率会发现这些流量其实根本不能变现。

定位为什么这么重要？很多人创业，特别是做IP创业，都忽视了一个点：

定位，是撬动所有资源的杠杆。

没有好的定位，你会发现，空有流量，一旦进行具体的合作，往往会像无头苍蝇一样，每天忙来忙去，但是根本就是瞎忙。

而且，没有好的定位，你很难跟真正有实力的IP进行深度合作，你也很难与别人达成真正有价值的商业交换。

当你找到你的精准商业定位，其实这才是你创业的真正开始。因为，你可以用你的优势，发现周围人的需求，与之合作。

一个好的定位，能盘活你所有的资源，用这些资源作为杠杆，做高客单，打造超级案例，继续成交高客单，形成正向循环模式。

厂长一开始就陷入了流量陷阱。我在2020年视频号刚刚推出的时候，每条视频点赞数都是5000、10000，甚至更高。

虽然流量很大，但是我的变现很少，而且我一直把变现很少归咎于自己的流量不够多。为此，我甚至拍起了情景剧，自己扮演霸道总裁，拍各种狗血的段子。

比如"年轻的时候资助了一个女大学生，后来自己的公司即将破产，而女大学生变成女老板，回来报恩，成功挽救公司"，这种狗血主题的情景剧流量非常大，每条都有几百万甚至上千万的播放量。

我当时做流量型IP，每天都有几百万的播放量，但是每个月的成本其实非常高，不仅要养一支流量团队，而且吸引的都是没价值的泛流量，很难引流到私域，变现更是少得可怜。最后一算，半年时间，挣的钱跟花的钱差不多，相当于白忙活一场。

所以，从2020年年底开始，我就一直在思考如何做新的定位，直到2021年1月，我才初步完成第一次重要的定位迭代。

厂长定位的第一个决定性瞬间：从肖逸群 Alex，到私域肖厂长

这是厂长定位变化最重要的一次，因为我从泛流量的IP变成了一个垂类IP。而这次定位的结果，也让我从盈亏平衡，不挣不亏，变成了每年能有几百万盈利的创始人IP。

当时，我做了半年的创始人IP，发现没有好的定位，流量再多，也不能变现。所以，我决定付费破圈，找高人学习。

我付费了12.8万，加入了国内创始人IP的顶流商学院——豹变商学，跟随张大豆老师学习如何做创始人IP。

付费12.8万，也是一笔不小的数字了，而且当时我的公司还在做裁员优化，其实财务上还是有比较大的压力，我也纠结了很久，要不要付这笔钱。

但是，我想到自己因为不懂而走过的弯路，花了几百万养团队做流量，结果没有太好的变现，不仅浪费了几百万，更浪费了半年的时间。相比几百万的损失，半年的时间更不可追回。

于是，我下定决心，要学习，就跟随最专业的人——豆哥，系统地学习如何做创始人IP。

在豹变学院，第一次课程就是教如何做定位。而这次课程中，我不仅了解

了定位的底层逻辑，还直接在课堂上跟豆哥一起打磨出了我的定位，以及我的新名字——私域肖厂长。

这是我当时上课和完成定位的朋友圈截图：

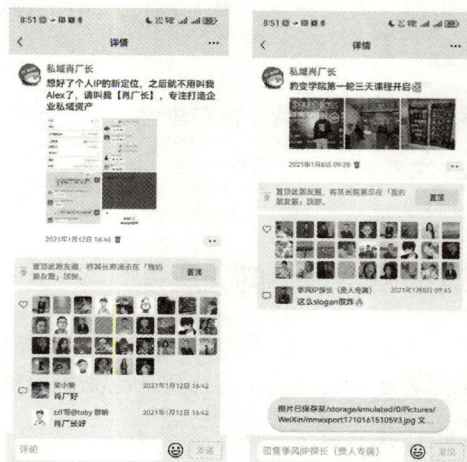

那次课程中，豆哥教给了我们很多定位的技巧，以及找到自己商业天赋，与自己进行灵魂对话的一整套体系。

我还记得那次我们讨论到深夜，而定下自己新定位的那一刻，我无比开心，只觉得一次课程就值回了票价。

现在回头看，我要感谢当时的自己下定决心付费破圈，并且完成了我最重要的一次定位调整。

经过这次调整，我完成了我的初步定位：企业营销培训，并且结合自己的优势——私域，专注在这个企业私域培训的细分赛道。

而完成定位的第三个月，2021年3月，我在私域推出了我的第一个垂直细分产品：私域创富圈，单日就实现了100万的变现。

我的团队无比振奋，这也是我做IP之后，第一次实现单日百万的变现。这就是好的定位带来的正向飞轮。

厂长定位的第二个决定性瞬间：从私域，到私域发售

找到"私域肖厂长"这个定位后，我靠着营销培训推出我的录播课、付费社群产品，实现了10余人团队每年千万的变现，客单价从1000元到3万元不等。

当时我觉得，私域已经是一个垂直细分的定位了。但是随着我对这个领域了解越来越深入，我发现并不是这样。

私域其实往下细分，还有很多不同的赛道，比如针对企业的品牌私域、针对创始人的IP私域；而不同行业也有不同的私域玩法，不同的私域变现模式，比如私域一对一变现、低转高变现，以及发售变现。

2022年下半年，我的定位做了进一步的迭代，而这次优化，直接让我的变现从15人千万级年变现，直接拉升到不到30人，1年大几千万的变现。

而这个决定性的瞬间，是从我身边人的一个具体问题开始的。

我有个研习社的成员，叫刘Sir。他是出版界的老炮儿，前磨铁图书的高级副总裁，刘Sir在出版行业待了20多年，出了几百本书，累计销量破5000万册。

后来，他从磨铁辞职，获得了一家资本的投资。而这家资本，刚好也投资了我们，所以我们在投资人的撮合下，相互认识，加了微信。

我把公司主动做小这件事，他全程见证，并且我的小而美创业理念，也对他产生了影响，他把公司体量从100人全职压缩到极致，开启了小而美创业。

2022年，他付费加入了我的恒星研习社，并且在第一次咨询的时候，他主动推出了他的30万客单价的出书产品，反向向我销售了一波。

我当时听到刘Sir的出书模式，非常感兴趣，并且发现的的确确可以提升我写书的效率，让我原本3个月写一本书，压缩到两三天的时间，节省我几个月，我觉得很值。

所以，我果断付费30万给刘Sir，并且跟他开始做起了书籍共创。他来想选

题定位，梳理大纲，我通过短视频和直播的形式跟他对谈，他全程录制后，让小编再把我输出的内容变成书稿，10倍提升我的出书效率。

我跟刘Sir共创的书《请停止无效社交》，后来成为我的第五本书，并且上市不到1周，就在私域实现了25000册销量，荣获当当新书销量榜第一名的好成绩。

在跟刘Sir完成了书稿打磨后，我给他提了一个建议，把他身边的畅销书作家、出版社、图书操盘手的资源一起整合起来，专门做一个以出书、写书、推书为主题的高端付费社群。

他非常感兴趣，表示愿意来做这个资源整合，但是他说，自己不太擅长做这件事，特别是如何一下子把这个付费社群打爆。他邀请我一起来参与这个产品，他来做IP，我来做操盘手，我们一拍即合，决定由我来发售这个产品。

我们火速完成了合作签约，甚至还一起成立了一家公司，作为新的主体，来负责这个付费社群的运营。1个月后，我们一起推出了超级个体的出书研习社：书香学舍。

我和刘Sir一起完成了书香学舍的发售。而一次发售后，书香学舍就有400多名创始会员加入，刘Sir的销售信也在出书界刷屏，成为当年出版圈最轰动的一

次发售活动。

而在完成了书香学舍的发售后，我又签约了多名恒星研习社的成员，包括百万粉丝商业博主清华陈晶聊商业、40万粉丝的小红书博主璐璐、蓝鲸私域创始人高海波等，分别给他们操盘，发售高客单产品，分别实现了200万到500万不等的单次发售GMV。

而经过半年多时间，不断打磨发售SOP流程后，我的操盘收入从几十万上涨到百万。我自己的定位也从私域进一步细分到私域发售，成为发售界的一匹黑马，快速破圈。

在我定位私域发售后的1年时间里，我就以20场发售操盘，30人的团队，实现了7000多万的GMV，一举出圈，成为发售实战派顶流。

而这一切，都是因为我第二次定位的大调整，以及跟刘Sir相互付费的经历。

2024年3月，我的开年发售，更是实现了单次发售变现653万，并且线下500人的大课，单次课程我收了18个百万发售合约，立住了百万高客单价的定位。

到本书出版的时候，我已经签约了50多个百万客户，他们都是各个细分领域的翘楚，包括石上生活创始人钠钠、高端创始人访谈IP马大个、家庭教育头部王姐升学、财税IP头部前阿里中国财务总监师爷等。

细心如你，有没有发现，厂长的定位，并没有越做越宽，反倒是越做越细分。而且，我的定位，并不是一开始规划出来的，而是通过不断感知，不断破圈，不断付费，逐步进化出来的。

所以，借助厂长的定位经历，再跟你分享两个定位的底层逻辑。

定位的底层逻辑 2：好的定位，事越做越窄，路越走越宽

好的定位，是通往高客单超级个体的前提，其他的流量、变现、成交等，都是0，而好的定位才是那个1。没有1，再多的0都是空谈，没有任何的价值。

厂长有一个内部评估定位的模型，我们做咨询，以及筛选百万客户的时候，都会按照这套模型来打分。

在本书中，我把这套价值千万的内部模型分享给你。

我们对一个IP做定位的能力，称为定位力。定位力，是IP定位、产品和人设所带来的变现能力。

而不同的定位力，我们有1—5分不同的评分标准，如下：

1分：不敢破圈，未能明确自己的方向，赛道没有对标，没有商业闭环，一直在找方向和对标；

2分：找到了自己的方向和赛道，但是没有具体的对标，或者需求切入点，做泛流量低客单变现；

3分：垂直人群定位，实现了第一个高客单产品闭环和从具体的客户问题切入，交付高客单产品PMF（及格线）；

4分：定位有差异化和独特卖点，有多个拿得出手的高客单案例，并且内部SOP化，具备批量化交付的可能；

5分：有超级案例作为强人设背书，产品梯度合理，核心产品客单价高毛利，团队可以工业化交付；

有没有发现，整个定位力，是从找到定位，选择定位到深耕定位的一个过程。

越到后面，定位越垂直细分，服务的客单价越高，拿到的结果越具有行业代表性。

遵循定位力，持续做出高客单案例，持续拿结果，进一步形成完整的产品体系和IP故事体系，从1分向5分顶峰发起冲击。

这个过程，对比我的定位升级之路，你会有非常大的感触。

从我长达10年的定位探索和调整的过程中不难看出，定位直接决定了能拿到多大的结果，定位不对，努力白费。

了解我的人都知道，我的定位，经历了6个不同的阶段：

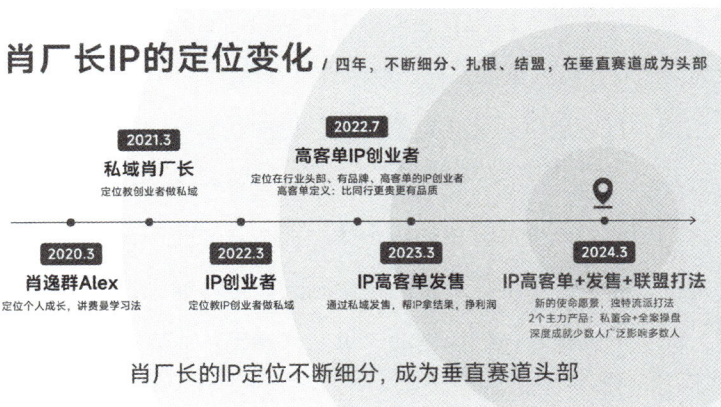

肖厂长IP的定位变化 四年，不断细分、扎根、结盟，在垂直赛道成为头部

2021.3
私域肖厂长
定位教创业者做私域

2022.7
高客单IP创业者
定位在行业头部、有品牌、高客单的IP创业者
高客单定义：比同行更贵更有品质

2020.3
肖逸群Alex
定位个人成长，讲费曼学习法

2022.3
IP创业者
定位教IP创业者做私域

2023.3
IP高客单发售
通过私域发售，帮IP拿结果，挣利润

2024.3
IP高客单+发售+联盟打法
新的使命愿景，独特流派打法
2个主力产品：私董会+全案操盘
深度成就少数人广泛影响多数人

肖厂长的IP定位不断细分，成为垂直赛道头部

2020年3月，我的第一个定位是肖逸群Alex，主要做个人成长，讲费曼学习法；

2021年3月，我的定位是私域肖厂长，主要教创业者做私域；

2022年3月，我的定位是IP创业者，主要教IP创业者做私域；

2022年7月，我的定位是高客单IP创业者，主要聚焦行业头部、有品牌、高客单的IP创业者。当时我对高客单的定义是：比同行更贵更有品质。

2023年3月，我的定位是IP高客单发售，通过私域发售，帮IP拿结果，挣利润；

2024年3月，我的定位升级成IP高客单+发售+联盟打法，也有了新的使命愿景，独特流派打法。

过去几年，我的定位不断细分，不断在细分领域内扎根，用结盟的方法，逐渐成为垂直赛道的头部。

但是说实话，如果我能在一开始就快速找到如今的定位，我可能会多赚几个亿。

当然，我也不后悔，因为没有人可以一口吃成大胖子，我也几乎没有见过哪个IP可以在一开始就找到精准的商业定位。找定位的过程，就是一场自我修行的过程，需要你不断自我探索，勇于尝试。

　　而且，我踩过的坑，让我有感触更加深刻的经验，也让我面对许多恒星研习社成员的问题时，可以更加设身处地地给对方建议。

　　寻找定位，打磨定位，优化定位，是一个抽丝剥茧的过程，看你是否有持久力、忍耐力。

　　如果你希望成为一个高客单超级个体，那么对你而言，好的定位，不是一个宽泛的定位，而是一个细分垂直的定位。因为足够细分，所以你的用户画像极其清晰，你也可以针对他们的精准需求，打磨优化你的产品，给他们提供独特的价值。

　　好的定位是做减法，只有当你的事情越做越窄，你的路才能够越走越宽。

　　这是关于定位的第二个底层逻辑。而第三个底层逻辑更加重要。

定位的底层逻辑 3：定位不是定出来的，是走出来的

　　关于定位，有一本火爆了几十年的商业书，名字就叫《定位》。在这本书里，作者特劳特写过一句话："定位，是在潜在顾客的心智中占领一个有价值的位置。"

　　这本书里还提到一个定位的基本方法，我个人非常认同，"定位的基本方法，不是去创造某种新的、不同的事物，而是去操控心智中已经存在的认知，去重组已存在的关联认知"。

　　比如德芙，占领用户心智的是"爱情"；比如沃尔沃，占领用户心智的是"安全"；比如佳洁士，占领用户心智的是"防蛀"。

　　只打一个点，只打一个最痛的点。这样的理念，在品牌领域适用，在IP领域同样适用。

　　比如2023年年底，我帮安顿操盘，帮她找到一个非常细分的定位：IP故事销售信。一场发售帮她实现了近百万的GMV。

而她当时刚刚创业失败，亏了上百万。这次发售，也成为她事业的又一个转折点。

其实，我发现，很多人了解了定位的底层逻辑后，依然很迷茫。他们会问：究竟什么定位最适合我？我应该专注于哪些细分人群，打什么痛点呢？

这时，我往往会回复一句话：定位不是定出来的，而是走出来的。

经历了4年的IP定位升级，当我现在回头看时，发现我不可能一开始就能找到清晰、高价值、高需求的定位，主要因素有两个：

第一，随着认知的提升，不断自我学习，IP本身的能力也在不断提升，那么定位需要根据能力而变；

第二，市场在不断变化中，需求也在变，那么IP的定位也要根据市场当时的需求而变。

因此，定位不是一下子定出来的，而是在以上两个因素的影响下，再加上IP本人不断尝试，不断迭代升级，走出来的。

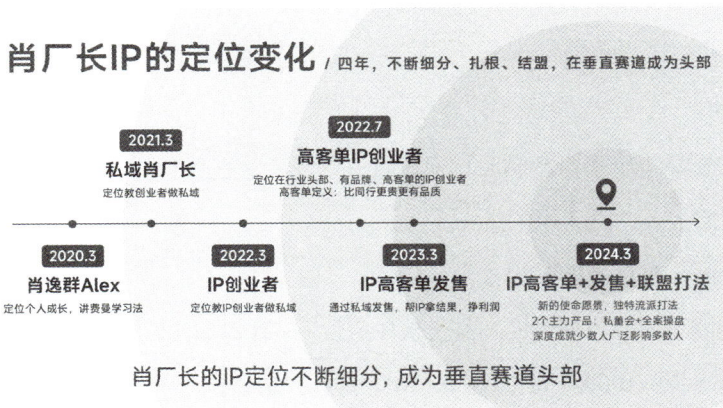

肖厂长IP的定位变化 / 四年，不断细分、扎根、结盟，在垂直赛道成为头部

2021.3 私域肖厂长 定位教创业者做私域

2022.7 高客单IP创业者 定位在行业头部、有品牌、高客单的IP创业者 高客单定义：比同行更贵更有品质

2020.3 肖逸群Alex 定位个人成长，讲费曼学习法

2022.3 IP创业者 定位教IP创业者做私域

2023.3 IP高客单发售 通过私域发售，帮IP拿结果，挣利润

2024.3 IP高客单+发售+联盟打法 新的使命愿景，独特流派打法 2个主力产品：私董会+全案操盘 深度成就少数人广泛影响多数人

肖厂长的IP定位不断细分，成为垂直赛道头部

还是这张图，你会发现，每过半年，我的定位就会随着我的认知提升以及市场的环境需求变化，做一轮迭代。

这种迭代，其实是有方法论、有成熟的步骤可以参考的，我称之为定位七步法。

定位七步法：科学找定位的七大步骤

这个定位七步法，是厂长结合自己的经历，以及跟200多个研习社成员做一对一深度咨询，操盘20多场大型发售后，总结形成的七个步骤。

定位七步法，也称扎根七步法，每个IP做定位、找定位，都可以从这七个步骤里找到自己的方向。让你能够事半功倍地做定位，在定位这个大方向上少走弯路，更快地实现高客单超级个体的幸福感创业。

第一步，破圈与勇气

在帮海峰老师操盘发售时，他说过一句让我记忆犹新的话："好的答案，来自好多答案。"

越品味，越能体会其中玄妙。

我用四年时间，找到的超高价值IP定位——IP高客单+私域发售+联盟打法，让我一单起步价100万，后端还有GMV分成。30人团队1年实现7000万变现的成绩，就是通过不断破圈，向各个领域的行业老师付费学习的结果。

粗略计算，我这几年，每年都花费几十万在自我提升和学习上，几年累积下来，学费花出去超过200万。

只有通过不断破圈，不断学习，不断内省，一个IP的定位才会越来越垂直、细分、值钱。

而且，不少新的机会，都是通过破圈后，跟新的圈子里的人发生商业上的交易，才会带来新的定位的改变。

关于破圈，我画了一个破圈的金字塔，相信对于每一位读者，这都是一个独特的视角，供你参考。

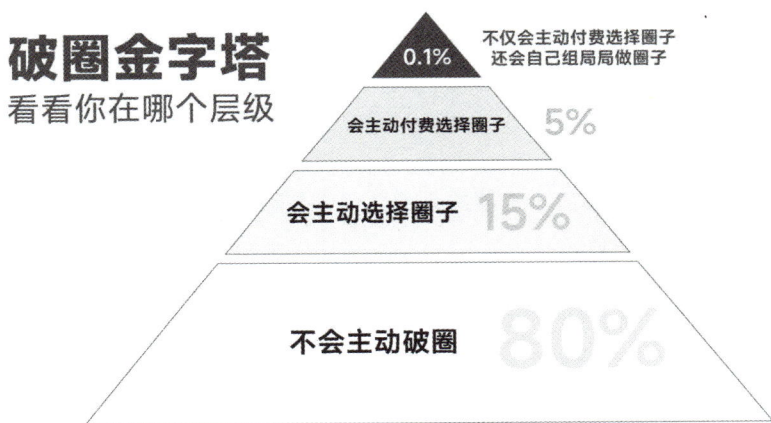

在这个金字塔最底端，80%的人都不会主动破圈。

他们中大部分人都满足于当下。或者对当下不满足，但是又没有主动破圈的勇气和意识。

他们是人群中随波逐流的人，听了很多道理，行动上却迟缓且愚钝，不会主动破圈，只能任凭命运摆弄，平平庸庸度过一生。

15%的人，处在破圈金字塔的第二层，他们会主动选择圈子。

做IP创业的人，基本在这一层。他们明白一个道理，树挪死，人挪活。圈子是资源差、信息差的集合。换圈子，就是在延长IP的生命周期。

人群中，有5%的人会主动付费选择加入圈子。

这些人深谙圈层的力量。他们作为父母，往往会为了一个名校的名额，不惜重金让孩子削尖脑袋进入名校。他们自己也会通过各种方法，不管是付费还是考试，加入各种优质的圈层、商学院、研习社等。

能真正处在破圈金字塔顶层的人，仅占0.5%。

他们不仅意识到圈子的重要性，愿意付费加入各种各样的高质量圈子，还会主动组局做圈子，成为真正掌控资源，控制自己运气的人。

为什么说大佬的尽头是研习社？你会发现，所有的商业大佬，如厂长身边的经纬中国张颖，红杉资本YUE计划等，他们办商学院并不是为了挣钱，而是通过构建优质的圈子，让自己处于信息、人脉、资源的顶端，构建自己的生态与联盟。

到这里，你有没有发现破圈的重要性？人是环境的产物，而真正厉害的人，往往会自己主动选择环境。

你要敢于拥有"不破不立"的勇气，要相信有结果的人身上一定存在着你在当下不可理解的一些逻辑，这才是你持续进步的前提。

第二步，赛道与对标

人生是旷野，商业是赛道。

在持续破圈后，你需要选一个赛道，找一些对标定下来。

破圈的时候，你的方向是360度。而选对了赛道和对标，你的方向是30度，你会有一个相对明确的方向。

选对赛道，发挥自己的商业天赋，你会发现，创业没有那么难，它更像是生命的一场旅程，投入其中，享受其中。

赛道选择，有三个重要步骤：

1.是自己喜欢的事情，并且发自内心想要做的。它有一个判断标准，即这件事你能不能有足够的热情和心流坚持10年以上。

2.从喜欢的事情中筛选出擅长做的事情。它是你快速学习、驾驭的事情，并且是能做到行业前20%的事情。

3.从擅长的事情中确定易变现的事情。它能让你快速得到反馈路径，并且迅速奠基行业地位，获得相匹配的财富力。

找准赛道，选择该行业内3个头部案例作为对标，踏实、努力、心无旁骛地往前奔跑。

第三步，问题与机遇

选了赛道和对标，把方向聚焦在30度的视线范围。

而找到问题和机遇，是把方向锁定在1度，一个非常聚焦的角度，来使劲和发力。

好机遇降临在你的身上，皆来自你拥有真正能帮助1个客户解决1个问题的能力。

这很重要，大而全的商业模式已经被淘汰，取而代之的是小而细的商业模式。定点解决，精准解决，无可替代。

因此从IP到不依赖流量的高客单IP，一定要解决用户的实际问题。找到这个问题，解决这个问题，建立自己的壁垒和优势，实现高客单业务从0到1的业务破局。

这是IP们穿越周期的护身符。

第四步，产品与闭环

以上三步，如果你已做到，那么恭喜你，距离定位的小闭环还剩最后的一步之遥。第四步，是实现产品与商业模式的闭环。

你要把1个客户的问题搞定，再把这个问题放到一类客群的共性问题中，并且在不断迭代中，推出一个相对标准化的产品，来解决这类共性问题。

这个产品，是你最重要的一款尖刀产品。打磨产品的过程中，你要形成自己的一套独特打法，把这套打法复制100遍，好的产品才能有好的商业模式。只依赖营销和流量的商业模式，注定不长久。

第五步，案例与差异

当你有标准的产品和商业模式闭环时，你就要开始思考如何构建定位的大闭环，也就是案例驱动的口碑增长。

实现闭环，只是实现获得收入。案例，尤其是优质的客户案例，才是你可以持续沉淀的品牌资产。

厂长操盘的百万客户，都会做两三倍的业绩对赌。也就是说，我收100万，我会跟你对赌200万~300万的发售业绩。

由于厂长的案例已经在圈子内人尽皆知，因此想给厂长交100万的人非常多，但是，我并不是每个都收，而是会做严格的筛选。

我的筛选逻辑，也是看对应的IP是否在自己所在的领域有足够多的案例。

你要明白，你的打法、SOP、流程，你的对手都可以抄走。而别人唯一抄不走的，就是你的客户案例。

好的案例无需多言，自带转化，是最好的销售话术。在真实的案例面前，再多的销售技巧都是多余的。

在打造案例的过程中，你还需要思考你的主打卖点，也就是差异化：你的客户选你而不选别人的第一理由是什么。

这个理由可以有很多，但是你要想好最大的差异点是什么。比如，厂长的百万全案发售操盘，我的差异化的点就是我的恒星联盟赋能。

厂长自己有25万的高净值私域，有百万的公域粉丝，还有近千个优质深度思考社群。除了厂长之外，我还有一帮恒星IP联盟的顶流IP，他们是不同赛道的佼佼者，有着非常优质的客户资源，大部分人也有着顶级的成交能力。

很多人做私域发售，单纯依靠自身的能量，可能只能做100万量级，整体覆盖只有2万人。

但是如果你与厂长合作，还可以获得厂长以及恒星IP联盟的整体赋能，来补足你在流量、成交以及交付上的不足，让你不仅覆盖原有私域，还可以获得更大的势能破圈，实现GMV和个人影响力的5倍甚至10倍增长。

这就是厂长百万全案发售操盘的独特卖点，也是各个赛道许多顶流选择与厂长合作的关键原因。

第六步，能力与SOP

定位的终点，是超级案例。但是从拥有案例到拥有超级案例，你一定要修炼好内功。

很多高客单IP到这个阶段不缺客户，缺什么？缺优秀的交付团队。

好的团队，需要修炼好内功，需要IP或者操盘手带着团队一起成长。从面试到薪资，从企业文化到公司培训，从内部SOP到各种机制的构建。

厂长经常被人称为SOP小王子。为什么？因为厂长最多的时候带过600人的团队，对管理、组织有非常多的思考和经验。

就拿一个细节来说，厂长带团队，有一份非常重要的文档，就是厂长团队的《团队手册》。这份手册，是我花了7天时间深度打磨出来的，包括我给所有员工的一封信，公司的使命、愿景、价值观，我们的沟通原则，员工晋升制度，内部奖惩制度等。

这份《团队手册》，是我给研习社成员的一个交付，不少研习社的老板，都直接把《团队手册》稍微改一改，变成自己公司的版本，然后直接拿过去使用，效果奇好。

这里也给本书的读者做一个分享。关注我的公众号"私域肖厂长"，后台私信"团队手册"，你就可以获得《团队手册》电子版。

类似的SOP，厂长还有100多个，涵盖内部管理、定位、私域、发售、流量、成交等各个环节。这是我的一大优势，也是很多老板付费加入恒星研习社的最大动力：直接抄作业。

厂长是不折不扣的理工男，做事情非常讲究逻辑，讲究体系，喜欢文字创作和留痕，所以在这块，我有天生的优势。

把你的能力SOP化，复制给更多的团队小伙伴，你才能发挥巨大的价值，才能在许多优质大客户来找你时，你依然有足够的底气完成交付。

而足够多的大客户，是出超级案例的基本前提。接下来，定位的最后一步，就是定位的终点。

第七步，超级案例与行业头部

定位的终点，是超级案例。

最强的人设，不仅仅是专家人设，更是专家+超级案例的人设。

华与华之所以能够成为品牌咨询界的顶流，是因为华与华有蜜雪冰城这样的全网刷屏超级案例，以及一堆行业头部案例。

厂长之所以可以成为私域发售界的实战派顶流，是因为厂长发售的周宇霖、李海峰、高海波、陈晶、格掌门等超级案例。

超级案例的前提，是搞定超级客户。而超级客户都是人群中的佼佼者，他们都是极其聪明的人，能够一眼看透本质。

很多人都会问厂长，怎么跟这些超级客户签约。这里跟你分享一个价值千万的绝密心法，也是超级客户的真正需求。

作为超级客户，他们的决策都非常谨慎，因为他们是一个行业的头部，他们的选择，往往是这个行业的风向标，而他们最真实的需求就是：不容许任何失败可能。

只要他们做，就一定要做到最好，不容许任何失败可能。

所以，前面的6个步骤，都是为最后一个步骤铺垫，特别是第六步，能力与SOP。

只有超级客户相信跟你合作不会失败，他们才会完成这样的决策，把一个重要的项目交给你，跟你一起合作。

如果你只有一个案例，搞不定。你必须有非常多的案例，并且证明你合作客户都能成，他们才会相信你。

而当你搞定超级客户，并且跟超级客户一起拿到结果，这也就意味着，你可以积累高客单IP最最重要的一项品牌资产：超级案例。

所以我们说，定位的终点，是超级案例。

因为超级案例是可以伴随你终身，奠定你行业真正头部地位的充分条件。

关于高客单 IP 定位的未来趋势

讲完了定位七步法这个重要的方法论，我们进入定位篇的趋势部分：什么是高客单IP定位的未来趋势。

用三句话描述：

以前，是一米宽，万米深；

现在，是一毫米宽，一万米深；

未来，是一纳米宽，一万米深。

总结一下：从米，到毫米，再到纳米。

你可能有点蒙，什么意思？OK，容我展开讲一讲。

以前，我们讲定位，是"一米宽，万米深"。在一个细分的赛道做深耕，做扎实。而这几年，我听到最多关于定位的表述，是"一毫米宽，一万米深"，定位要进一步细分，要重度垂直。

未来，厂长有个预感，当我们再次谈到定位的时候，会过渡到第三个阶段："一纳米宽，一万米深"。随着需求的不断细化，未来的行业分工也会不断细化。

比如，以前厂长做定位，私域就是"一米宽，万米深"。但是过了3年多，我发现私域已经成为一个大类，而私域的变现形式的一种："私域发售"，成为"一毫米宽，一万米深"，这也是厂长目前的定位。

而未来，我认为对于发售来说，定位将继续细化，方向包括：

- 模式细化，衍生出裂变式发售、送书裂变发售、标准发售；
- 地域细化，比如专注做山东某某地区的人群或者客户的发售；
- 人群细化，可大致分为IP创业者、实体老板、女老板、宝妈等；
- 行业细化，如酒店行业、美业、知识付费、大健康、家庭教育等。

再过3—5年看现在，发售也会成为一个大品类，会衍生出无数新的赛道、新的机会、新的可能性，会变成"一纳米宽，一万米深"。

看到这里，如果你希望跟厂长一样进入这个赛道，并且在很多"纳米级"的赛道还没有太多人涌入的时候，就牢牢占领一个定位，那么欢迎你来跟我链接。

我近期还签约了两个IP，他们给我付100万，只为了占据两个发售的垂直细分定位。

第一个是思莉校长，她擅长做打榜裂变，这是一种发售的模型。这套模型可以让私域人数不多的IP迅速获得几十人甚至几百人的助力，把别人的私域流量变成自己的私域流量，一次发售吸引上万人进公开课社群，实现几千私域但是单场发售变现数百万。

这就是一种"一纳米宽，一万米深"。

第二个是金雨麒，她擅长用书来做裂变式发售。通过在发售活动中引入"书籍"这个关键裂变诱饵，实现小流量、大变现。把书的价值发挥到极致，低成本投入，获得超高的回报。

这也是一种"一纳米宽，一万米深"。

学会定位，掌握定位的底层逻辑，了解定位的未来趋势，你也能掌握自己的未来。

未来的高客单IP之战，不是行业之战，也不是赛道之战，而是一场自我战争。

高客单IP有无数的垂直细分领域，无数个"一纳米宽，一万米深"的赛道，有无数的机会在等你加入，长期耕耘。

接下来，厂长向你分享我身边恒星研习社成员的定位案例，来看看曾经跟你一样的普通人，是如何通过定位破局，实现自我的蜕变，成为幸福感创业的典范的。

靓靓：从大厂高管裸辞，到小红书高客单 IP 的幸福感创业之路

靓靓应该是恒星研习社里最"叛逆"的女性创业者了。

她是一位小红书IP孵化操盘手，关注了我的视频号很长时间，被我8000万"分手费"的那条视频同频吸引，加入了研习社，在参加了我2024年3月的长沙线

下大课后，毫不犹豫当场加入了我的恒星IP联盟，也让我对她有了更多的了解。

靓靓是211大学本科、英国G5名校研究生毕业，毕业后一路做到了互联网大厂的市场负责人，一切好像都是按照最好的人生规划在走，但30岁的她却玩了一把"叛逆"。

怀孕裸辞大厂 50 万年薪工作，成为小红书 8 万粉丝母婴博主

20多岁时的靓靓在互联网大厂拿着50万的年薪，过着996的高强度生活，熬夜加班是常态，每个季度都有翻倍的增长目标。每次开季度目标会，她说她都很痛苦——一方面要跟老板"表忠心认领KPI"，另一方面望着"几乎不可能完成"的目标，一个人待在办公室里望着电脑发呆，用工作忙碌的表象来麻痹自己，苦苦坚守自己对公司、对老板、对团队的承诺，但就是不愿意低头承认"这个目标我真的做不到"。

2021年，30岁的靓靓怀孕了，高强度的工作一度让她孕检各项指标高危。一边是大厂的光鲜但一眼望不到头的工作，一边是对孩子的憧憬。从医院出来，拿着孕检报告，她说她第一次感受到了"自己的人生主动权必须拿回来"，哪怕承认自己"不行"又怎样？

那天她好像被打通了任督二脉，直接壮士断腕。怀孕刚满4个月，她递交了辞职报告，直接拎包走人，工资、年终奖、生育津贴统统不要了，她说她之所以走得果断，不是因为跟老板赌气，而是真正想清楚了自己想要过一种完全不同的生活——一种受自己掌控的生活。

这种生活，就是超级个体的生活。

结合自己当下的状态，她锁定了"小红书母婴博主"作为自己的标签。

做过IP的人都知道做公域IP有多少辛酸和焦虑。靓靓没有给自己留任何后路，纵身一跃，"跳下悬崖开飞机"，在接下来的一年里，除了不断迭代，就是

坚持、再坚持。

终于，在不断地努力和坚持下，靓靓在小红书慢慢累积起了8万母婴行业粉丝，总粉丝体量10多万，成为别人眼中的"网红博主"，而这一年的广告收入也突破了7位数，是当时在公司打工赚钱的两三倍。

靓靓说，一份有幸福感的事业，不仅能给人带来价值感、成就感，还应该带给人自由感和安全感，给人以尊严。她感受到发自内心的快乐，生活的掌控感也被她重新拿了回来。

定位转型，锁定知识付费，聚焦高客单，帮助更多超级个体年入百万

靓靓的商业变现能力虽然已经得到验证，但也存在一些需要优化的问题。

第一是接广告变现这样的商业模式，收入存在波动性。双十一、双十二等消费节期间的收入是平时的数倍。

第二是随着孩子逐渐长大，也会逐渐失去年龄优势，在孩子3岁左右，一定会面临母婴类广告减少的问题。

想清楚这些后，靓靓决定调整自己的定位，转型做知识付费，做高客单IP，借助自己的经验，赋能更多的超级个体，让更多人在小红书上也通过做高客单业务，实现"技能变现"和"低粉高变现"。

说干就干。在孩子不到1岁的时候，也是靓靓的广告收入达到单月10万元的时候，她再一次"壮士断腕"，放弃了8万粉丝的母婴博主账号，拒绝了所有广告合作，月收入也从10W+直接归0。

靓靓重新开设了一个账号，聚焦那些适合做高客单业务的典型行业，比如留学、移民、家装设计、高级宠物、家庭教育规划等。她一个人去摸索各个行业的起号打法，坚持账号日更，同时完成对学员的手把手交付。

内容形式的改变、从泛流量到精准流量的改变，意味着她要重新跑通流量模型。她说她每天凌晨都会不自觉醒来，打开手机去看看笔记"小眼睛"有没有增长，下楼散步都不敢带手机，就为了回家能看到"积攒"的零星的几个"赞"，甚至为一篇笔记多了十几个陌生点赞而感到欣喜若狂。

这样的情景，在靓靓的转型过程中，至少遇到过三次。当然，这也形成了她解决IP流量的核心干货。

两个月后，靓靓终于熬了过来，她的笔记有了新的爆款，进一步带来了咨询和转化，一步步形成规模，也组建了自己的公司，有了核心的3人小团队。

靓靓和她的团队在交付上非常用心，运用他们自己总结的"低粉高变现3A模型法"，为学员梳理精准用户画像、IP人设特质、账号起号规划，帮助他们在小红书上实现精准获客。

她陪跑的学员里有不少超级案例。例如高级犬舍主理人，起号单月获客变现40万；英国的低龄留学规划老师，起号首月变现50万；职场不如意的亲子文旅设计师，通过小红书获客拿下8位数大单，后续更是在家居行业，通过100多个矩阵账号，实现单月变现2000万。

如果你也对靓靓的流量密码感兴趣，想做低粉高变现，靓靓的《高客单IP变现全流程SOP》3000字文档，在本书第一页的彩页里就可以找到。

靓靓相信，优秀的人褪去平台光环，依旧可以闪闪发光，成为自己领域的超级个体，就和自己当初从大公司辞职出来创业一样。

她说她的使命是：帮助更多个体成为超级个体。而她也在这个过程中，收获了远比自己一个人成功更大的价值感。

再次定位转型，垂直聚焦海外 IP，打爆国外市场

虽然取得了幸福感创业的阶段性成功，靓靓仍然没有放弃迭代，尤其是对

定位的不断打磨，优化和调整。

在不断发展的过程中，他们发现，来咨询的客户里，海外的超级个体逐渐多了起来。

海外IP有着更大的获客难度，因为身在海外，需要打破跨越地域、时差的不信任感，但这个群体又有很好的特质。第一，他们自身就是高净值人群；第二，通过奋斗留在当地的人们，一定有着自己的突出本领；第三，目标感清晰，配合度很高。

经过深度思考，在国内业务营收超过500万的时候，靓靓启动了业务的第二曲线。帮助海外学员做IP打造、精准流量和私域转化，客单价从2万到20万不等。

仅用了1年的时间，他们海外学员的占比就已经提升到了60%，利润也达到了500万。

以前的靓靓，在互联网大厂工作，带着几十人团队，为KPI焦虑失眠到掉头发。

现在的靓靓，带着团队，冬天到海南旅居办公，夏天在青城山租个别墅一起工作，可以说是幸福感创业很好的践行者了。

03

CHAPTER

技能篇

成为高客单超级个体，实现幸福感创业的必备技能

从这一篇开始，我们将进入实操落地的技能层面。

对高客单超级个体而言，定位是"1"，流量、私域、成交、发售等技能，是"0"。定位非常重要，因为没有"1"，其他技能将毫无价值。而其他的技能，也有其重要性，因为它们是撬动IP价值的杠杆。

你掌握的杠杆越多，你就越有可能在短时间内实现别人10倍甚至100倍的产值，自己干1个月顶别人干6个月，高效搞钱，并且还能享受自由的假期，实现事业与家庭的平衡。

厂长经常说一句话：做好定位，用对杠杆，是实现幸福感创业的两大前提。

上一篇教你如何选对行业，做好定位。从这一篇开始，厂长会跟你分享如何用对杠杆。这些杠杆，都是一个个不同的技能，掌握了这些技能，你就能够在竞争中快速脱颖而出，事半功倍，一步步坚定地成为行业头部。

再次重复这个金句：有能力的人，疯狂做加法。有智慧的人，疯狂做减法。有慧根的人，疯狂做确定性。

OK，那接下来，先跟你分享对幸福感创业最重要的一个成交模式：发售。

技能篇会主要围绕打造一场千万级"发售"来展开。

通俗点讲，千万级"发售"，就是通过一次线上的活动，做到500万甚至1000万的成交金额，在短期内实现大量变现，一次就完成全年一半甚至更多的业绩。

学会了这个模式，你就掌握了通往幸福感创业的钥匙。

很多创业者，特别是刚刚想要创业的萌新，都对发售一知半解。发售是什么？发售是不是很难？发售是人人都可以做到的吗？我现在还没有起步呢，流量都不够，发售？等我搞定定位，搞定流量，再学习吧。

错了……

经常有老板问我：厂长为什么可以持续拿到结果？在不同的创业环境、流量环境、红利阶段，都可以做出亮眼的成绩和案例？

我想说四个字：以终为始。

这四个字的英文翻译是：Begin with the end in mind。也就是一开始的时候，就要想到终局是什么。

看到终局的人，可以在行动路径上更快、更准、更狠；对终局的认知，也决定了执行的效率。

流量的终点，是私域；私域的终点，是发售。这句话，是我这几年做流量和私域最重要的一句认知。

通过发售的模式做成交，是大部分充满幸福感的超级个体最重要的一个能力，因为这是普通人可以做到的最大杠杆的变现方式，也是每个人打开幸福感创业的关键钥匙。

所以，一开始就了解发售，学习如何做发售，并以此准备半年、1年甚至2年后的发售，将让你在拿结果的路上少走90%的弯路。

特别是在接触了成百上千的IP创业者之后，我发现：拥有终局思维的创业者，越有危机感和紧迫感，就越注重日常的积累，越敬畏用户的口碑。

接下来，我会以终为始，先讲解幸福感创业最重要的"发售能力"，再围绕终局做一场百万甚至千万级别的发售，来倒推你不同阶段需要学会的不同能力。

关于发售，你一定会有的几个问题是：

什么是发售？

为什么发售是最重要的幸福感创业杠杆？

如何理解不同的发售模型？如何具体实操做发售？

在发售之外，还需要哪些能力？

且听厂长给你娓娓道来。

发售能力——为什么说用发售来做成交，是最重要的幸福感创业技能？

发售是什么？什么是发售思维？

对发售这个热词，很多人听过，但是只知其一，不知其二。

世界上最伟大的公司，比如苹果、华为、小米等，他们都是发售专家，都在采用"发售模式"做销售。

如果你经常关注他们的官网，会发现他们会在产品页的下方，加上预计什么时候发售的说明。

简单通俗来讲，发售，就是开发布会做销售。对，发售是成交的一种形式。

如果我们对成交做一个分类，那么最低级的，叫"推销"。

比如在小区门口看到一个健身教练发传单，"游泳健身了解一下"，这就是"推销"，是最低级的成交模式，我们也经常称之为：跪着卖。

这种成交模式的效率非常低，可能100个人中，90%都不会搭理你。9个人拿着传单，看到一个垃圾桶，就会把传单塞进去，最后可能只有1个人刚好有需求，来跟你聊两句。

如果你是老板，有一个用了3年以上的手机号，那么你可能也会经常收到一些特别恶心的推销电话，问你需不需要保险，或者要不要办贷款等。这些主动、点对点的销售方式，几年前非常盛行，而现在，大众对于"推销"越来越厌烦，推销模式正在逐渐被这个时代抛弃。

稍微高级一些的成交模式，叫"销售"。

销售一般指的是一对一的成交，包括一对一销售、微信谈单、顾问式销售等。相比"推销"跪着卖的形式而言，"销售"是"站着卖"，也就是跟客户当朋友，跟客户平起平坐，沟通交流，并说服客户下单。

目前大部分的公司用的都是"销售"模式。销售团队的能力差异，决定了这家公司在同行竞争中能不能挣到钱。

最高级的成交，叫"发售"。

发售指的是通过搞大事件，实现一对多成交。

最典型的发售，是科技顶流企业卖新产品。苹果公司的创始人乔布斯，每次发布新产品，都会召开一次发布会并且全网直播，发布iPhone、iPad、iMac等产品，这就是一次发售。

通过开发布会的方式向现场的听众，以及全世界的受众讲解自己的理念，介绍新产品。并且，设置悬念，营造期待，上市首日还有各种事件营销，不需要通过渠道商，直接面向客户卖产品，产品一上市就卖光。

小米公司的雷军，应该是中国最擅长做发售的顶流高手。

他在手机时代就通过一系列的发售活动，造就了小米手机品牌。在下场做电动车之后，再次通过营销和发售造势，实现小米SU7的大成功，上市一个月，大定就突破了10万台，给电动车同行好好地上了一课，并且带动了无数同行以及实体企业创始人纷纷开始做创始人IP。

你可能会好奇，发售是不是大公司才能做的事情？普通人，可不可以做发售？

当然可以。

其实，打个非常接地气的比喻：你结婚，或者宝宝百日宴，要收一波份子钱。一对一收，效率太低了。这个时候，你租一个酒店，办几桌酒席，再来一些仪式、节目、讲话，邀请亲朋好友来现场，大家热闹一番，然后在现场批量收份子钱。

这虽然不是一场严格意义上的"发售活动"，但是你收份子钱的方式，就是用"发售思维"，也就是一对多收钱的思维来执行的。

为什么发售是最高效的成交方式？因为通过发售搞发布会、大事件做销售，可以实现一对多的批量成交。

这是一种不仅非常高级，而且极其高效的成交模型。学会发售的创业者与不会发售的创业者PK，就是开着飞机、坦克的现代人与拿着弓箭和木棍的原始部落相互PK，差了好几个时代，完全是降维打击。

私域 + 发售，普通人可以开启的变现王炸组合

前面讲到很多科技公司都在用发售模型来卖产品。那么以个体创业者、IP创业者为代表的普通人，可不可以做发售呢？

可以，但是打法完全不一样。

顶流科技公司用的是全网打法，而普通人做发售，必须专注在私域。

大公司做发售，比如苹果、小米，需要租一个千人会场，邀请媒体，邀请记者，邀请社会名流，还需要花钱造势、线下招待，几十人甚至上百名工作人员在幕后协作，一场科技新品的发售，成本可能至少几千万起步。普通人不可能有这样的势能，也没有对应的资金和资源。

但是，对普通人而言，如果掌握正确的方法，做一次发售，可能只要花不到一万块钱，甚至是零成本，就可以实现几十万甚至数百万的现金流收入。

这个正确的方法，就是在私域做发售。

私域的通俗解释，就是把客户或者潜在客户加到你的个人微信里，用心经营，长期经营，他们就会慢慢成为你的付费客户、复购客户。

厂长在这块是绝对的资深玩家：我从2014年开始就做私域（当时还没有"私域"这个概念，一般称之为"微信生态"）。我和团队每天都在不断研究公众

号、社群、朋友圈，以及订阅号、服务号、企业微信、视频号等。

到2020年，我花了7年时间，签约了100多个英语名师，推出了上百个英语学习产品，而我的公司从300个微信好友做到了3000万的私域流量。这3000万私域，都是高质量的英语学习粉丝，她们的典型画像，都是一、二线的白领女性，非常优质。

后来，我从幕后到台前做IP，目标人群也有了转变，从白领女性转变到以中小企业老板、创始人IP为代表的高净值人群。我又花了三四年的时间，微信里加了25万的高价值好友，并且通过这25万私域资产持续变现。

关于私域的运营心得，我还专门写了一本书，叫《私域资产》。这本书几乎算是私域从业者的"教科书"，豆瓣评分7.4。如果你感兴趣，不妨在京东或者当当上买一本。

当然，如果你想直接围观肖厂长如何做自己的私域运营，不妨直接加我本人的个人微信。关注公众号"私域肖厂长"后，回复"加厂长"，即可链接肖厂长本人。

可以这么说，因为私域的出现，让发售，特别是批量卖高客单产品这个超级变现杠杆，对普通人全面开放。

在私域，你可以通过朋友圈、私聊等轻松实现对客群的直接触达。

你可以通过社群、视频号直播、腾讯会议等方式，构建"线上的会场"，把对"线上发布会"感兴趣的小伙伴聚集起来，精细化运营。

你还可以通过社群互动、视频号连麦、腾讯会议连麦等方式，邀请你的客户、好友、学员、会员等来直播间、社群，为你提供客户见证，并直接展示给所有参加"线上发布会"的小伙伴，深度种草，批量成交。

不需要媒体，不需要通过市场投放，不需要租用线下场地，不需要大量的工作人员，不需要各种仪器设备来做展示，可以省去大量的线下差旅人工成本等。

私域的用户习惯、基础设施完善，让发售技术对普通人完全开放。每个人、每个创业者、每个商业实体，都可以借助这一套发售技术实现高级成交、高势能变现、批量收钱。

厂长现在的团队内部有四五个操盘小组，每年做40场发售，除去春节前后，每个月要操盘四五场发售。除去人力成本，我现在的业务几乎没有其他的成本，每个月通过发售，就可以帮客户实现千万级的批量变现。

通过私域+发售的模式，除了可以低成本变现、普通人也触手可及之外，对IP创业者而言，发售还有许多意想不到的好处。

对 IP 创业者而言，用好发售的四大好处

第一个好处：一次发售做半年业绩，释放IP更多时间，实现幸福又健康的工作状态。

我见识过两种IP，他们看上去很光鲜，但其实过得一点都不幸福。

第一种IP是低客单IP，他们每天都要拍短视频做直播，每天直播4小时，下播之后还要拍两小时的短视频，每天都如此。

做过直播的人都知道，直播对人的精力消耗非常大，每次下播后你都不想跟任何人说话，甚至圈子里还有一句黑话，叫"上播如上坟"。

关键是，不少在公域做直播的IP，每次直播的内容完全一样，话术也完全一样，每天就像一个复读机一样活着，毫无幸福感可言。

厂长也尝试过做这样的事情，但坚持一周后，感觉完全没有幸福感可言，于是果断放弃。

第二种IP是高客单IP。他们团队有大量的销售，通过销售谈单来实现客户的成交。

这种IP的产品一般是高客单产品，IP每天需要同时操心三件事情：流量、成交和交付。

在流量层面，一般通过免费的内容流量或者付费的投流。这个时候，IP每天其实都很焦虑，因为免费的流量不稳定，时而好，时而不好。而对于付费的流量，又经常担心投放的成本会越来越高，慢慢挤压利润空间，因而越来越焦虑，越来越不幸福。

成交这块，因为做的是一对一成交，所以需要销售团队。而招人、养人、带人等管理成本又非常高，如果你没有特别合适的销售组长或者销售合伙人，你需要亲自面试、带人、管理、培训，不断优化他们的SOP，各种人员矛盾、利益诉求会让你每天都陷入焦虑。

交付这块，在一对一的场景中，为了成交，销售往往会做过度的承诺，而这种承诺往往会增加交付的难度。

所以，在一对一成交模式下，高客单IP，特别是严重依赖流量低转高的IP，其实每天都要操心很多事情。而且如果想要把公司做大，就需要招募更多的销售。而销售来了之后，你也不能轻易辞退，所以流量侧的压力就会很大，一旦流量变少，销售没事干，销售收入就会降低，你自己还需要承担高昂的团队成本。

厂长就经历过这样的阶段，也看到不少恒星研习社的IP经历过类似的阶段。这种创业模式比较令人焦虑，不那么健康、可持续。

后来，厂长看到有一些高客单IP，每年做一两次发售，通过这些大事件，每次挣个300万~500万，实现1年收入目标的70%~80%，其他时间专心做交付，做好用户的口碑，通过专注地服务好客户，带来客户的转介绍，实现平时的日常销售。

这样的创业状态很舒服，因为每年只要花1个月左右的时间做一波大的销售就可以了。其他时间，要么专心为客户创造价值，要么休假、旅行、陪伴家人。

这是厂长非常羡慕的创业状态，而当我学会发售、成为发售的实战派黑马之后，我发现，我的创业状态符合当时的预期：每年做两次发售，发售期间自己可能会累一些，但是其他时间没有太大的销售压力，可以用心做高客单客户的交付，剩余的时间，还可以用心写书，认真生活，做自己爱做的事情。

就在本书完稿前，2024年3月，我刚做完一场发售。结束后，我就带着我太太去了法国，度过了7天小长假。我们到处走一走、看一看，去了巴黎的塞纳河畔，在卢浮宫广场录口播视频，吃了巴黎的各种美食……真正体会到了幸福感创业到底是什么滋味：它是张弛有度的，它是自由自在的，它是笃定自信的。

也是这样的创业状态，让我萌生了写《幸福感创业》这本书的念头。因为我真心希望通过我的努力，让更多创业者实现这样的创业状态，找到事业与家庭的平衡，实现幸福感创业。

这就是学会发售，你将收获的第一大好处：实现幸福而健康的工作状态。

第二个好处：一对多成交，更少团队实现更高收益

问你个问题，如果一个创业团队通过发售卖1000万，与通过一对一销售卖1000万，哪种模式的收益特别是利润会更高？

做发售之前，我觉得可能是差不多的。

但是当我的模式从一对一销售改成1年搞2次大事件做发售之后，我发现了两个惊人的事实：

1.我的团队全职人数更少了，因为不需要销售团队，固定成本、招聘成本、管理成本都减少了。

2.客户付费更爽快了。发售往往会伴随着你不得不现在下单的理由，我们称之为发售成交策略，但是一对一成交的时候，客户往往会拖很久，成交跟单过程特别漫长。

以前厂长团队有一支销售团队，虽说销售团队主要靠提成，但是底薪+"五险一金"也是一笔不小的开支。而且销售团队的招聘成本、培训成本、管理成本非常高，你还需要花大量的时间来处理销售团队的各种内部问题。

另外，销售团队负责人不仅贵，还非常难招。管理销售团队负责人，也是一件非常心累的事情。

后来，我砍掉了销售团队，付出了不少成本，发售模式全面转型后，目前我的团队只有1名销售，确切地说，是0.5名，因为这名销售是社群运营兼职做销售。在日常高意向客户主动问起产品的时候，他才会出来解释。这种客户意向度很高，稍微了解产品后，就会主动下单，成交率很高。

现在我的客户成交几乎都是在发售直播间完成的。他们直接通过我以及我的连麦嘉宾来付费。我们也会通过一系列的成交策略，告诉客户一个必须现在下单的理由。

后来，我预估一下，假设每年同样赚1000万，之前的模式下，我的销售成本占比要达到GMV的10%甚至20%；而采用迭代后的发售模型，我的销售团队成本占比只有不到3%。

多出来的部分，都是利润。而多出来的时间，都是幸福感。

第三个好处：发售不仅仅是GMV，还有超强的破圈效应，可以快速面向精准人群打爆势能

厂长的第一次发售，还是在2021年3月。那个时候我都没有发售的概念，只是跟着感觉走，做了一次批量的成交。那次发售，我用了十年体发售模型，写了一封销售信，标题叫"肖厂长：7年从300好友到3000万私域，今天邀请你搞个大事"。

我把这封信发布在我的公众号上，在我精细化的私域激活策略下，有1万多人转发了我的销售信到朋友圈，这篇文章瞬间在朋友圈刷屏，并且在两天时间内成为10万+的爆文。

最后，这次发售在1个月内实现了300万的GMV。更重要的是，通过这次发售，我出圈了。

有1万多人因为这封信添加了我的个人微信，我的私域直接新增1万。同时，我的销售信被几十万人看过之后，他们虽然没有买我的产品，但是因为这次发售，他们深度认识了我。

后来，我在许多场合只要一提起我的名字，他们就说"原来你就是肖厂长，我看过你的信"，于是我们快速拉近了距离，不需要我介绍，对方就已经对我非常了解，因此谈成了很多的商务合作。

甚至这几年，因为我发售带来的势能，我的合伙人、前合伙人出去自我介绍的时候，一开始别人是不太认识他们的，但是当他们提到是肖厂长的合伙人时，对方都会惊喜地说：原来你是肖厂长的合伙人！于是，很多事情就打开了局面。

因为势能的提升，我在招人、商务谈判、吸引合伙人、谈IP合作、出书等方面，都有着其他人不具备的优势。比如，我开一次招聘会，就有700人同时在线，一个岗位就有两三百人同时应聘，并且他们对我都无比了解，我通过发售实现了人才自由。

而且，因为我每年都做发售，3年后，我写了4篇销售信，每一篇都朋友圈刷屏，阅读量都超过十万。靠着这4篇十几万阅读量的销售信，我的势能持续增强，这也给我的创业带来了非常大的优势。

以前我要通过给猎头付费来吸引优质人才，而现在，我只要在公众号上发布一篇帖子，就会有几百人投递简历，其中不乏非常优秀的求职候选人。

以前我找一个线下活动的供应商，都需要托各种关系，问熟人。而我现在发一条朋友圈，就有上百个供应商来主动联系我。

以前我谈IP，都要千里迢迢去对方公司，有的时候还见不上面，而现在，我只需从付费几万块钱给我的上千名恒星研习社老板中筛选IP，并且见面后，我可以省去半小时的自我介绍的时间，因为对方对我的经历已经了如指掌。

节省下来的时间，都是幸福感的来源。

可以关注我的公众号"私域肖厂长",后台回复"销售信",我会把所有销售信都推送给你。

发售不仅对我的帮助巨大,我合作过的几十个IP中,不少人因为跟我合作,开启了第一次发售。当他们开始做发售后,全都爱上了做发售,根本停不下来,每年都会坚持做一两次发售,持续通过发售放大变现,放大势能。

我有预感,发售会成为下一个10年的"会销",成为企业的基本营销手段。

所以,一次发售的价值,不能仅仅用GMV来衡量,势能的提升也非常有价值,它会让你在商业世界中不仅有极高的效率,还有极强的幸福感。

第四个好处:线上搞定,超低成本,低风险,高确定性

因为私域的出现,以及大家对微信使用习惯的成熟,发售变现这个模式不再是大公司的专利。

小公司以及个体,也可以通过私域,完成一次针对小众细分人群的发售。虽然影响力不如大公司动辄几亿人全网刷屏,但是只要你的影响人群精准,哪怕只有几千人甚至几百人,你也可以实现一次几十万、几百万甚至千万级的变现。

建群不用成本,注册视频号不用成本,做直播不用成本,唯一的成本就是自己和发售团队的人力成本。

如果你愿意分钱,希望找发售高手提前帮你避坑,市场上有许多发售操盘手和操盘团队,可以直接通过服务费或者收入分成的方式合作。你都不用自建发售团队,省去发售团队的招募、培训等成本,直接上手即可完成一次发售。

厂长的团队内部就有五六个不同的发售特战组,每个特战组都是一个独立的操盘团队。我们的单次发售操盘结果,可以实现200万到1000万的GMV,并且,我们主打一个"结果式付费"的理念,先干活后付费,如果不能帮你赚到钱,那么一分钱都不收。

如果你现在还没有找到特别好的方向，不妨考虑发售操盘手。因为这不仅是一个距离变现特别近的职业，你还可以线上办公。

在私域做发售，你可以纯线上协作，这也带来了另外一种幸福感：旅居办公自由。

厂长的团队目前都不强制要求每天来公司打卡上班，大家都分布在不同的城市，只要上班的时间你有一台电脑、一部手机在身边，就可以完成工作任务。

对老板而言，这可以节省大量的办公成本，因为不需要租大的办公场地，缴纳高昂的网费、物业费、停车费等，也可以省去不少行政成本。

对员工和老板而言，大家不需要花时间浪费在通勤上，还可以实现全国旅居办公，打卡各种网红咖啡馆。把时间花在真正有价值、有意义的事情上，这也是一种幸福感。

看到这里，估计你已经对高客单IP以及私域发售无比期待。

发售是每个普通人都可以拥有的一项技能。但是并不是每个普通人一开始就能做一次千万级别的大发售。接下来，厂长给你盘点一下发售的底层逻辑，分析什么产品适合做发售。

发售的人货场三要素

发售，是开发布会做销售，是一次批量成交，是让你可以集中完成售卖的一系列的动作。

但是在做之前，首先做一个判断：什么产品，什么商业模式适合做发售？

既然是卖场，那就离不开最为经典的"人货场"的拆解模型。

在这个拆解模型中，第一个是人。对一次成功的发售而言，最重要的人，就是IP。

有优质的IP，就会吸引大量的优质客户。

这个IP，需要站在台前，平时持续输出内容，吸引自己的粉丝，养成大家对他的印象和看法。他需要持续表达来获取影响力，获取用户的关注，哪怕这个内容就是朋友圈文案，也完全没有问题。

IP除了需要输出内容之外，还需要在内容中铺垫自己的定位、铺垫自己的人设、铺垫自己的产品和案例。这些内容可以让用户平时完成"种草"，发售的时候，成交就会无比轻松。

小米公司雷军的内容都围绕着他的产品，如小米汽车、小米手机展开。但是，在具体的内容生产这块，又非常娱乐化、场景化、大众化，这样内容既有传播力，又有成交力。

这是一个做高客单IP非常重要的内容技巧，我们称之为"人设垂直，内容不垂直"。此处限于篇幅不做展开，感兴趣的读者可以来我的研习社或者线下大课，在这里我会讲解非常细致、框架化的方法论、教你如何做IP。

所以做发售，第一个要素，是IP。

很多老板想要做发售，但是自己不想站在台前。我想说，如果你的行业没有同行做IP，那么你还可以活下去；如果你的同行老板中越来越多人开始做IP，你的生存空间就会越来越小。

小米的雷军已经给电动汽车行业的老板们上了生动的一课，其他电动汽车行业老板也纷纷开始撸起袖子做IP。

除了电动汽车行业外，其他行业也一定会有越来越多的老板开始做IP，开始学习社会化的新媒体传播，用发售思维完成更高杠杆的成交，对同行做降维打击。

下一个要素，是"货"。

对发售而言，"货"，指的是产品。但并不是所有商业模式都适合做发售，因为发售的产品需要满足一个前提条件：标品。

这里的标品，指的是"标准化的产品"。

大部分的实物商品都是标品，比如手机、汽车、吹风机等。这些行业也经常做发售，开新产品发布会做销售。

服务业的标品相对少一些，但是很多人也对服务业的产品做了标准化处理，比如标准化的课程、标准化的社群产品、标准化的咨询产品等。

不符合"标准化"特点的产品，比如古玩、字画、古董等，就不属于标品。再比如，有些需要根据客户做个性化定制解决方案的，并且解决方案还未知的，比如去医院看病、3D定制珠宝、定制开发内部系统等就不是标品，不适合做发售。

发售是一对多做批量成交，这种成交模式下，不可能为每个客户都去做深度定制，最多就是发布一款不同型号的产品，让客户自主选择，因此，标品是做发售的大前提。

除了标品之外，如果你希望把发售的价值最大化，厂长还有两个建议，一是卖爆品，二是卖高客单品。

卖爆品，指的是产品的设计、定价、权益等方面要有"爆品思维"，把足够多的精力、时间和资源都投入一款产品，然后将其打爆，做出其他人无与伦比的做工、质感、体验，从而实现收益的最大化。

卖高客单品，主要是针对在私域做发售，特别是资源有限的个体创业者，如果私域人数不多，那么千万不要一次发售卖低客单产品，比如99元、199元的产品。

虽然买的人会更多，但是总GMV会很少，而且这样的价格带来的客户并不是最优质的客户。而且，这会消耗掉大家对你的信任，你的下一次发售会很难做。

符合以上条件的产品，包括知识付费产品，比如课程、圈子、付费社群等。在线下门店这块，则包括各种卡，比如健身卡、美容卡等。另外，实物产品、加盟代理也都比较适合用发售模型来做批量成交。

产品这块，厂长花了千万的学费，给你总结了最适合做发售的产品七字口诀：标品、爆品、高客单。

最后一个要素，是"场"。

发售模型最关键的部分，是你需要构建一个高能的场为你造势，通过势能差实现批量成交。

高能场有三个要素：场景、内容、用户。

场景，在不同的发售模型中，表现会不一样。四五年前的发售模型，大部分还是在私域社群，通过图文、音频实现社群成交。而现在的发售模型，大部分的场景都是在直播间，比如视频号直播间、腾讯会议直播间，或者线下场景做线上转播的直播间。

周鸿祎说过一句话，我非常认可，叫"这个世界已经被短视频和直播格式化了"。

场景变迁的主要原因，在于直播技术的成熟，以及用户看直播的习惯也越来越成熟。现在几乎所有的发售模型都有直播的环节，作为发售的最高潮环节。

最吸引人的直播模型，就是线下场景线上转播的直播间。

在线下搭建一个大会场，通过多机位的切换，实现人物、PPT、视频的自由切换，给线上用户非常好的视觉、听觉体验。

小米的雷军做SU7电动汽车的发售用的就是这套模型。不少圈内大佬做新品发布，也使用这样的模型。因为这个模型的场景可以非常好地拉高停留，增强互动，从而获得更优秀的直播间数据，获得平台的推荐。

中小企业或者个体创业者做发售，也可以用腾讯会议或者视频号完成一次高能场景的构建。

下一个要素，是"内容"。

不管是在哪种场景下做发售，我们都需要精心设计内容，包括主题、大纲、PPT、演讲稿、客户见证、各种视频等。

内容的设计，对于最后的结果极其重要。

比如，整体的结构应该如何设计，怎么引入，如何拉停留，如何讲故事，谁来讲，讲什么故事，讲多少干货，怎么讲价值观，怎么引出产品，如何设计客户见证，怎么不让客户反感厌恶，怎么设计互动，需不需要设置福利等。

可以这么说，有经验的IP在发售之前几个月就开始设计高能场的内容了，并且有经验、擅长做销售演讲的IP，他的成交非常高级、丝滑，毫无销售痕迹，全程不提销售，但是超级能出单。

公开课、PPT、演讲稿的设计，是一次发售的重中之重。每次做发售操盘，厂长团队花最多时间做的，就是帮IP打磨直播场的宣讲内容。并且，厂长签约的不少IP的核心产品，就是教IP搞定公开课和销售演讲，这是一个非常关键的业务环节。

最后第三个要素，是"用户"，我们称之为"潜在客户"。

在私域做发售，特别是高客单产品的发售，在用户这块，最重要的不是数量，而是精准度。

与生硬的推销不同，发售是最高级的成交，靠的是"吸引"。

因此，当一次发售特别是针对细分人群、高客单产品的发售启动时，我们需要对IP的私域启动流量、销售信主题、销售信内容、裂变策略、公开课主题全方面分析思考：这是不是我们的潜在客户感兴趣的主题？这种裂变策略，对最后的结果有着至关重要的影响。

厂长早期做发售踩过很多坑，前期一味贪多，想要更大的流量，但最后发现，可能来了几千人，最后却只转化了几单。踩过这样的坑之后，我们后面不再单纯追求"面子工程"，而是考虑采取什么样的策略可以吸引"付费流量"。

在后续的发售中，可能只有1000人进群，但是依然实现了极高的转化率和满意的GMV。

1个精准的潜在客户，胜过1000个不精准的泛粉流量。

理解了发售的底层逻辑后，你可能会产生疑问：一个普通人，一名没有任何技能的素人想成为高客单IP，要走过哪些阶段？不同阶段分别需要什么能力？

从普通人到发售高手，你需要经历的不同阶段和对应的不同能力

厂长现在每年做40场发售，每场发售都会与一个细分领域的头部高客单IP深度合作，深度碰撞，一起打仗，结下了深厚的革命情谊。并且几乎每个IP，我都会跟他们直播，所以对他们一路来的经历，不同的阶段碰到的不同困难，都如数家珍。

在终点回看他们的人生历程，我发现特别有意思的一个共性：成功的高客单IP都是相似的，不成功的高客单IP，各有各的卡点。

所以接下来，厂长就以自己和合作过的几十个高客单IP为例，总结一下他们从普通人、素人，到成为单次发售三五百万，充满幸福感的高客单超级个体所经历的必经之路。

第一阶段，靠定位和人设：修炼一个能力，打造一类案例，讲好一个故事，实现从0到100万。

在定位篇，厂长讲了许多关于定位的逻辑。定位就是个体创业者的"公司战略"，是不可或缺的一环。

定位为什么那么重要？很多人做高客单IP，都搞错了一个点，大部分人都是上来先做流量，为了把流量做起来，学习各种技能，结果最后发现，钱花了、精力花了，要么流量没做起来，要么流量做起来了，却不能变现。

在厂长上一篇的"定位七步法"中，我详细地列举了一个普通人完成定位的七大步骤。此处，如果你印象不太深刻了，强烈建议你再重新翻看一遍，把厂长总结的定位七步法反复研读，并且自我代入。

通过完成第一阶段的定位，打造细分赛道的强人设，你需要修炼好你的一项能力，打造一类案例，最后讲好一个故事，也就是你自己的故事。好的定位，好的人设，好的故事，会带来非常强的转化率，而且这种转化是针对高价值人群的。做高客单的转化，很有可能一单就可以收几万、几十万甚至上百万。

这里，我再给你做一个范例，接下来的1500字，是厂长精心打磨过，在所有场合我都会讲的关于我自己的故事。

建议你认真看完，对比一下自己看完后有什么感觉。

大家好，我是肖厂长，私域发售的实战派专家，30人全职团队1年做20场发售，实现7000万GMV。

（开门见山，介绍身份，数字背书让人容易记住。）

我是一名11次连续创业者，这一次创业，从2014到2024年，我和我的公司活了10年。曾经的我，是年入6亿的准独角兽公司CEO，但是呢，我一点都不幸福，还差点破产，最后我花了8000万分手费，从独角兽走向小而美。现在的我，是一名充满幸福感的高客单超级个体。

（引发悬念，怎么成为准独角兽公司CEO？年纪轻轻就创业11次，公司年入6亿？是不是吹牛？为什么会差点破产，花了8000万分手费？给谁的？为什么公司变小了，反倒更加幸福了？）

如果你想了解厂长的11次创业经历，可以在京东或者当当上搜索一本书，叫《肖逸群的创业手记》，里面有我全部11次的创业经历。另外，你也可以在豆瓣上搜索我的名字：肖逸群，可以看到到目前为止我出的全部6本书，以及对应的豆瓣评分。

（通过大平台、豆瓣评分，展示自己的著作，拉高自己的人设，并且解答11次创业经历的由来，让大家相信我最开始所说的并不是吹牛、虚构。）

这次创业10年，我经历了3个阶段，不同阶段对应了不同的身份。

（通过10年3个阶段，实现接下来内容的结构化、框架化，让听众有主线脉络。）

最开始前7年，我是操盘手。我作为一个银行小职员开始创业，抓住了当时的最大一波红利：公众号红利。并且，我当时合作了100多个英语IP，不少都是前新东方的英语名师，帮他们操盘做线上的产品、流量和变现。

几年时间，我就跟小麦老师、侃侃老师等，一起推出了线上的英语学习产品，并且靠着我们敏锐的流量嗅觉和裂变能力，从300好友做到了3000万的私域，最高峰1年做到了6个亿的营收，还拿了经纬中国和腾讯双百3300万的A轮融资，公司最高600名全职。

我们当时的品牌，包括潘多拉英语、极光单词、达芬奇好课、趣课多等，高峰时期，每天有100万人在我们的App里学习，有50万人打卡他们的学习记录分享到朋友圈，最高的时候1天我们就涨了15万的私域。大家如果还有印象的话，当时有没有在朋友圈刷到"我在某某单词学了一百多天，我在某某阅读、某某英语学了多少天"？

对，那就是厂长和团队旗下的品牌。

（厂长之前的案例还是比较有影响力的，所以第一阶段会重点介绍厂长曾经的案例，并且把自己的影响力与大众的认知相结合，以更好地做背书。）

第二阶段从2020年开始，因为发生了一些事情，此处省略1万字，厂长不再想继续融资上市，而是希望主动把公司做小，并且做出了我10年创业最重要的一个决策：自己从幕后走到台前，做创始人IP。

通过两年的时间，我在公域做了100多万粉丝，并且把10多万精准的老板粉导入我的私域，靠着我的录播课和研习社，10多人的团队实现1年1000多万的变现，顺利实现转型。

（这里先讲结果，再埋钩子，通过省略一万字，让大家产生好奇，并且根据现场的互动情况以及时间情况，来决定是否继续讲转型背后的故事，并且通过自己的故事来破除现场的创始人不愿意走到台前做创始人IP的卡点。）

第三阶段从2022年底开始，我又有了一个新的身份：IP+操盘手。

我砍掉了自己千元以下的录播课业务，并且放弃做流量，用空出来的时间做了一个新的百万客单产品：IP全案发售。从2023年开始，我与各个领域的头部高客单IP合作，帮他们做定位、攒私域、搞发售，1年时间，我操盘了20多场发售，实现了7000万的GMV变现。

我的合作案例，包括清华陈晶、格掌门、璐璐、高海波、周宇霖、李海峰等。而我的团队，在增加了10个人左右的情况下，实现了好几倍的营收增量。

现在的厂长，拥有25万的高净值精准私域，我自己1年做两次发售、两次线下大课，教别人如何做私域。其他时间，我和培养出来的4个内部操盘团队每年帮别人搞40场发售。关键是，我们团队全部都在线办公，我自己每年还有4次出国旅行或者自驾游，实现了创业的安全感、自由感以及幸福感。

如果各位想要学习发售，想要找厂长合作做发售，想要跟厂长一样实现幸福感创业，欢迎来链接我。说不定一次链接，将会改变你的一生。

（第三阶段也是不断晒结果，讲案例，并且植入自己的团队、产品，以及生活状态。最后，我还会植入一个行动指令，让大家来链接我，并且讲出链接我的好处，甚至在一些场合，比如直播间或者线下演讲，我会直接赠送一本我写的书，让大家来加我的微信，从而让自己所到之处都能够把微信加上，为后续业务合作做铺垫。）

这就是厂长花了10年时间打磨的一个故事，1500字，差不多七八分钟就可以讲完。建议你拍照、收藏、保存。

10年之前，厂长就是一个普通的银行小职员，而10年期间厂长经历过大风大浪，走了无数弯路。现在厂长做的事情，其实跟1年前厂长转型做百万高客单，转型做私域发售紧密相关。

我自己有时也会问我自己，如果我一开始就有现在这样的认知，是不是可以少走很多弯路？

是的，一定可以。

如果我当年创业就按照现在的认知避开所有的坑，可能不到3年时间，我就能实现现在的创业状态。

所以，普通人从零起步，到完成定位，成为一个有人设的IP，做一次300万量级的发售，需要多久？

厂长认为，不同行业、不同客户不一样。快的话，1年；慢的话，两三年。当然，少数行业可能需要更久。

厂长的这次转型，其实是从2022年开始的，但因为厂长的积累更深厚一些，所以，仅仅花了1年多的时间，我就从发售界一个默默无闻的新兵，成为发售界的一匹黑马，再到私域发售实战派的头部IP。

所以，如果你现在还是一个没有案例，但是有一技之长的小白，我想告诉你，按照厂长上一篇的"定位七步法"，找到自己的商业天赋，按照正确的路径，全身心投入，你可以快速成为拥有一个闭环商业能力，并且在一个细分行业有案例、有人设、有故事的专家。

在真实的人设、鲜活的案例面前，再多的销售技巧也是苍白无力的。

当你完成了第一阶段的积累，再通往第二阶段，借助IP杠杆，你会实现一次巨大的腾飞，这个杠杆可以将你的价值和影响力放大10倍不止。

第二阶段，流量和私域：借助IP杠杆，构建私域资产，寻求流量增长，实现从100万到1000万。

IP杠杆，是当下这个时代对普通人而言最有价值的一个杠杆。

如果你是一个领域的专家，可能你1年的收入也就是100万顶天。但是借助IP杠杆，你可以轻轻松松实现千万营收利润。

IP的本质，就是内容，而因为有了抖音、快手、视频号、小红书等公域平台，以及朋友圈、社群、企业微信等私域工具，你的内容可以通过算法推荐、社交传播的方式零成本扩散，实现个人影响力的持续放大，以及个人商业模式的全面升级。

对于高客单IP而言，公域流量和私域资产是两个层面。经常有人问我，是先做公域，还是先做私域？我想说，看你的IP类型，看你的商业模式。

如果你希望走低客单商业模式，卖99元、199元等的录播课，那么你必须跑通公域，而且我建议你从公域入手。如果你希望走高客单路线，直接成为高客单的超级个体，这里，我强烈建议你先跑通私域，在私域模型稳定后，再去尝试公域。

厂长曾经在流量方面拿到过大的结果，在不同时期都抓住过不同的流量红利。后来，我坚定不移地走产品路线，并且对于服务业、咨询业等第三产业来说，做小而美的公司，一定要走高客单的路线。

所以，在这个阶段，厂长强烈建议所有想做高客单的IP先跑通私域，再做公域或者寻求其他的流量增长方式。

那么，私域是什么？做好私域有什么用处？如何上手做私域？

厂长行走江湖的花名，就叫"私域肖厂长"，私域是厂长的看家本领，为此，我还专门写过一本书，名字就叫《私域资产》，如果你想要全面系统地学习如何做私域，可以去京东或者当当直接下单购买。

我还有一个非常全面、关于如何做私域的电子版思维导图，这个思维导图是我的核心著作《私域资产》的核心脉络框架，这里免费赠送给你。

你可以关注我的公众号：私域肖厂长，然后发送关键词"笔记"来获得。

这里，我以概括的形式，给你介绍私域的理念，以及如何做好私域。

通俗地说，私域，就是加到微信里的流量。个人的微信好友，就是你的私域。

关于私域的本质，腾讯官方给出了一个确切的答案：长远而忠诚的客户关系。

微信已经发布超过10多年，成为几乎每个中国人每天打开最多的一款App，里面沉淀了每个人几乎所有的社会关系。如果给你一个选择，让你只选择保留一款App，我相信，绝大多数人都会放弃其他所有App，而只保留微信。

微信承载着所有人的关系，也承载着许许多多的商业关系、客户关系。

做私域，就是把你的客户、潜在客户都加到你的个人微信中，通过朋友圈、社群、视频号、直播、公众号等功能持续影响潜在客户，直接通过IP来管理客户关系。

做私域的能力，我们也称之为私域力。

它指的是把对你不太了解的路人用户加到你的微信，并且通过私域运营，批量让路人粉变成你的铁粉的能力。

20年前，我们管理客户关系，靠的是名片，是短信，是拜访，这是一种效率极低的方式。而如今，我们把所有客户加到微信，通过IP每天发朋友圈进行群互动，精细化分层运营，保证客户关系的长远而忠诚，让客户只给你付费，且长期不断地给你付费。

举一个简单的例子，每一个付费几万元加入恒星研习社的老板，都是先认识了我，才知道恒星研习社的产品，再愿意付费加入的。

根本来讲，私域是一个通过IP，特别是创始人IP，拉近人与产品关系的工具。

厂长之所以在2020年的时候虽然很恐惧做IP，不希望站在台前，但是依然下定决心成为一名创始人IP，就是因为我发现了一个重要的变化，这个变化在新媒体时代一定会重构所有的商业关系。

客户关系，是每个公司经营的重中之重。以前，我们通过品牌、销售来管理客户关系，实现客户与产品的链接。但未来，创始人，特别是创始人IP，会对传统品牌造成降维打击，成为客户与产品的新纽带。

小米的雷军在造车后，用创始人IP的打法，打入电动汽车领域，就是对传统车企的一次降维打击。

所以，对于别人问我"要不要自己出镜，要不要以老板的IP来做私域"这一问题，我都会不屑一顾地说："你现在可以不做，也可以先活着。但是如果你的同行都卷了起来，都开始做创始人IP，到时候对你而言就为时已晚。"

知识付费界，是普通人能接触的赛道中最卷的赛道。这个赛道上，创始人做IP，已经成为标配。

现在，创始人IP+传统行业以及传统产业，这一波红利才刚刚开始，厂长已经在一些非常传统的行业感受到了创始人IP打法的凶猛，我也看到了未来10年之后，产业+IP会成为每个行业的标配。

所以，做私域最重要的一个前提，就是老板本人亲自站出来，把做IP变成一把手工程。

我的《私域资产》中，写了许多做私域的方法。如何提炼一个最为重要，也是最简单、门槛最低做私域的技能呢？那就是发朋友圈。

对，你可能想象不到，就是发朋友圈。发好每一条朋友圈，发好每天的朋友圈。

发朋友圈，是时间投入最少，但是ROI最高的做高客单IP的方式。

一个微信，不用太多好友，假设有3000人。如果你不能通过朋友圈让你的3000个好友中的1个人给你付费高客单产品，那么当你的流量变成3万、30万时，大概率也不会有人给你付费高客单。

所以，高客单IP做私域其实很简单：发好朋友圈就可以。

厂长判断一个高客单IP做发售是否能够拿到结果，公域有多少粉丝、每天有多少流量都不重要。我最看重的三个要素，就是：第一，你有多少私域好友；第二，你的私域人设是不是本人的人设；第三，你的所有私域微信号，会不会每天发几条朋友圈。

发朋友圈这块，厂长有太多心得，也走了很多很多的弯路，在我的《私域资产》中，在我的恒星研习社里，在我的线下大课中，都有非常多的打法和技巧。

但是，对你来说，学习成本最低、效果最好的方式，就是直接围观厂长的朋友圈。

每天发几条朋友圈？

发什么内容最为合适？

如何发销售类型的朋友圈，同时不引发人的反感？

如何实现发朋友圈还可以新增微信好友？

发售的时候如何发朋友圈实现批量成交？

关于这些问题，你都可以在我的朋友圈里找到实实在在的答案。关注公众号"私域肖厂长"，回复"加厂长"，就可以加到我本人微信，围观我的朋友圈。

现在，我已经养成了发朋友圈的习惯，并且每天花不到20分钟就可以完成一天的朋友圈的鲜活素材，发布3—5条高质量的朋友圈，持续让我的25万私域好友跟我本人建立深度链接。

厂长有很多合作的恒星联盟IP以及恒星研习社的老板，他们的私域不多，也就一两万人，而且从来不做公域。单纯靠每天发朋友圈，以及社群的精细化运营，就可以实现不到10人团队1年千万甚至更高的变现。

但如果在跑通私域的同时，你也在公域发力，持续稳定获取流量，那么你的影响力和变现能力将进一步提升。

这种能力，厂长一般称为流量力。

跑通了流量，你就可以源源不断获取精准流量。

在高客单IP的体系中，这种流量能力一般都可以按照引流私域的数量来做评价，因为在公域你很难直接成交高客单，你需要把流量加到私域中，持续影响，才能更好地转化。

厂长每年通过各种渠道和流量打法，可以实现5万到10万的精准私域新增，而且不少都是来自被动流量，也就是我不需要每天付出时间，躺着就可以获取的流量。而厂长身边一些很擅长搞流量的IP，他们每年也能新增几万甚至几十万的私域流量。

一般每年新增几万精准私域，这种数量，就算是非常顶级的流量能力了，那具体有哪些获取流量的方式？厂长给你做一个盘点。

从大的分类来说，厂长把搞流量的方式分为6个大类，分别是：付费流量、内容流量、置换流量、裂变流量、渠道流量、出书流量。不同的大类，又有许多细分的搞量方式和打法流派。

第一种：付费流量，又称为"买流量"。

一般指的是花钱，在各种平台，通过平台的广告系统，或者有流量的博主，付费购买流量。

腾讯广点通、百度关键词、淘宝直通车、抖音巨量千川、公众号投放、加入付费社群、抖音买Dou+、小红书聚光投放、视频号微信豆加热等，这些都是买流量的方式。

厂长之前是买流量的高手，在2020年，我的公司做了6个亿的营收，当时我算了一下，全年我花了两个亿来购买流量，当时公司的投放团队就有十多个全职员工。我们通过在抖音、公众号、腾讯广点通投流，每天都可以获取大量的曝光，高峰期一天就可以加大几千个精准学英语的学员微信，然后变现上百万。

但是，这里厂长要给个体创业者泼一盆冷水：付费流量，是一种高收益的方式，但是风险也很高，而且启动成本巨高。市场上有无数买流量的团队，大家都在竞价，谁的出价高，平台的流量就给谁，所以你的投放产出比（ROI）必须超过同行，你才可以买得到流量。

这种竞争非常白热化，并且玩付费流量，需要专业的投手搭配专业的低转高或者销售团队，而制作拍摄投放素材、优化投放素材等工作，也需要一个专业团队。这还不算最大头的投放成本，一次测试，可能就要三五万，平均的测试周期，是两三个月，所以综合算下来，做一次投放闭环的前期所有投入成本，可能就要几十万甚至上百万。

当然如果能够跑通，就是一条每个月稳定几百万甚至几千万的流水线，可以让一家公司拥有每年数亿营收。但是这种投放模型跑通的概率非常低，对于专业的团队而言，可能10次尝试，只能跑出1条能够月营收过千万的商业闭环。这条商业闭环的利润，可能并没有你想象的那么高，每个月1000万的营收流水，算上所有的成本，可能利润还不到10%，并且很有可能跑三五个月，就会陷入亏损，把前期挣到的钱都搭进去。

所以，对个体创业者特别是没有经验的IP创业者而言，厂长不建议采用付费流量的方式来做流量。

第二种：内容流量，行业内一般也称为"造流量"。

内容流量指的是IP通过生产内容的方式，获得公域算法推荐。比如在抖音、小红书、视频号、快手等平台发布短视频或者图文，或者做直播，被算法自然推荐后，获得大量的曝光，再通过一些钩子，把流量引入私域中。

首先说明一下，厂长比较推荐高客单IP通过造流量的方式来获取流量。因为如果你有很强的内容能力，你就可以低成本获取精准流量。

厂长从2020年开始就在做公域账号。我花了2年时间，尝试了不同的生产内容的方式，包括Vlog、口播、访谈式口播、矩阵打法、情景剧、新闻体短视频等。我靠这些打法，一共在公域做了100多万的精准商业粉丝，并且引流了10多万到我的私域中，成功变现。

我合作的恒星联盟IP当中，有不少都是教创始人IP做公域流量，并且，他们形成了不同的打法和流派，包括强人设Vlog流派、矩阵概率流派、图文带货流派、洗稿冷启动流派、直播切片流派、自然流访谈流派、无人直播流派、垂直人设流派、线下课切片流派、商业访谈流派、AI数字人流派等。

不同流派，都有典型的案例和打法，也都有各自的优势和劣势。一些流派打法，会随着平台政策、用户的喜好变化逐步衰亡，或者不断兴起。

在厂长签约的恒星联盟IP中，就有好几个公域的实战派高手。比如自然流访谈的马大个、矩阵流派的郭琳等。厂长希望通过自己的努力，集齐所有公域流派的高手，通过厂长的联盟IP赋能，让每一个真正有实力的高客单IP，成为影响力更大更出圈的行业顶流IP。

第三种：置换流量，又称为"换流量"。

一般指的是通过私域或者公域，连麦直播、合拍视频、互赠社群名额等方式，实现流量的置换。

你有一颗苹果，我有一颗苹果，我们交换，双方还是各自有一个苹果。但是，你有一些流量，我有一些流量，我们相互置换，双方的流量都会变得更多。

我以前采访一名女性做美妆知识的IP，她只有20万的粉丝，但是她特别聪明的一点就是懂得跟别人去置换流量。通过这样的方式，1年时间，她的流量就涨到了100万。

厂长也经常通过直播连麦的方式跟别人置换流量。从2021年到2023年，两年时间，我几乎每周都跟一名私域大佬连麦一两个小时，不仅做深度交流，增进关系，还能够实现流量的相互置换。

两年时间，我做了100多场连麦，每次连麦，我跟对方都可以新增500—

1000个精准私域。靠着这一招，我就积累了数万名精准私域。

不仅厂长在做，我的恒星研习社不少成员老板都是私域大户，他们经常在群里相互链接，相互约连麦，做流量的置换，同时还能增进感情，为深度合作创造条件。

第四种：裂变流量，又称为"裂流量"。

顾名思义，裂变流量，指的是让你的铁粉、核心用户主动给你做转介绍，做传播。根据裂变动机的不同，一般有以下几种方式。

通过利益分成做激励，让对方购买一些产品，成为你的"合伙人"，为你分销裂变，进而赚取佣金。

通过价值观认同引导传播，比如十年体裂变发售，邀请私域用户转发你的销售信，这也是一种裂变方式。

通过分享知识干货甚至实体书，引导用户自发为你传播，这也是一种裂变方式。

通过打榜裂变发售活动，提供对应的福利、权益、实战机会，让对方为你做传播、转发朋友圈，甚至做私域私信的动作为你宣传，这也是一种裂变方式。

第一种方式，利益分成做激励，微商、社交电商用得多。对高客单IP来说，厂长比较推荐后面几种，也就是价值观认同、分享干货、打榜裂变，不太建议做利益分成。

通过这些模式，厂长每做一次裂变，就可以获得三千到一万的私域精准流量新增，而我不需要付出太高的成本，是一种非常好的高客单的引流模式。后面厂长讲不同的发售模型时，还会具体做展开。

除了这4种，还有许许多多裂变引流的方式，这些方法和模型，都在不断迭代，厂长作为发售界最愿意尝试新事物的操盘手，也在持续关注，碰到新的打法模型，我会毫不犹豫派操盘手全程跟踪，判断有效后会进行复刻和尝试。

第五种：渠道流量，又称为"截流量"。

这个概念，比较多应用在电商、实体门店的私域中，比如电商渠道、门店渠道等。

在私域，有一种粉丝叫电商订单粉，即如果你有一个店铺，每天有10000单，那么，你可以通过客服私信、短信、包裹卡的方式精准引流，直接把你的付费用户引导到你的私域中，这种电商订单，是一种很典型的截流量的方式。

同理，如果你有一个门店，这个门店每天有几百个客流进来。你通过一些策略，把顾客加到你的微信中，终于你摸索出了一个方法，比如加你的微信可以打95折优惠，那么通过这个策略，你每天可以把40%的客户加到你的私域中。

如果高客单IP有实物周边订单，或者有实体门店，也可以通过这样的策略，来做精准的引流。如果没有，则不必强求。

第六种：出书流量。

这是一个非常适合高客单IP获取精准流量，并且建立专家人设的方式，也是我最为重视、投入时间最多的搞量模式。

去年我的私域新增了8万的精准粉丝，其中有很大的比例都是来自我出的几本书：《肖逸群的创业手记》《超级个体》《私域资产》《AI超级个体》《请停止无效社交》等。

为什么厂长最重视这个搞流量的方式呢？

第一，写作是我非常喜欢做的一件事情，厂长比较擅长一个人做深度思考，而深度思考最好的方式，就是写作。这个习惯，我从大学创业一直保持到现在。写作能力，也是所有的内容能力中厂长最为突出的能力。

说一句题外话，厂长从小非常讨厌写作，甚至每次考试，我最痛苦的事情，就是语文考试中写作文。每次语文考试，我都非常担心自己写不完作文，以至于每次写作文时，我都在拼命凑字数看看有没有到800字，写完作文后，我都如释重负，长舒一口气。

但是，大学期间，我的写作能力开始突飞猛进，这是因为厂长为了追一个女生，连续写了1年的情书，每天写1000多字，最终靠着厂长的不懈努力，终于把那个女生追到手。

故事的最后结局是悲伤的。关于这个故事，此处省略10万字。但是，因为长期的刻意练习，我习惯了通过写作来记录和表达自己的思考。

所以，从我2014年启动本次创业开始，我就一直坚持通过文字记录自己的心得体会，每周写3000字左右的周报，发送给全部团队的小伙伴。经过几年的沉淀，我写了几十万字的创业手记，并且在我最开始做IP的时候，我的第一本书，就叫《肖逸群的创业手记》。

这本书，是我和国内头部书商——果麦文化合作，他们帮我出的一本书。这本书为我带来了许多非常精准的流量，到目前为止，还在各种渠道销售。许多读者通过这本书的二维码链接到了我本人，并且成为我的恒星研习社成员，甚至变成我的恒星联盟IP。

厂长之所以重视出书搞流量，第二个原因是书籍出版后，可以获得源源不断的被动流量。

也就是通过在京东、当当、线下书店等各个渠道售出的书籍，就可以持续为你获得影响力，并且通过书名筛选出精准的潜在客户，主动加你的微信。

目前厂长出的几本书，每一本每个月都可以卖出500—2000册，甚至更多。厂长出书，不仅会用心写内容，还会用心地设置引流加我个人微信的伏笔。相信看到本书的读者，应该也在本书中发现了对应的引流设计。

目前厂长出了5本书，算上这一本，就是6本书。6本书，每本书按照每个月800册的销量来计算，每个月就是4800册的销量，每年就是接近6万册的销量。

如果按照30%的导粉率计算，那么每年光靠书籍的被动流量，厂长就可以新增小几万的私域。

更重要的是，通过买书来的私域流量都非常精准。因为他们大概率都是看了你的书，甚至看完了你的书才加你的微信的，对你天然就有很强的认知，很容易成为你的铁粉、核心客户。

厂长的目标，是通过10年时间，每年出两三本优质的书籍，10年累积二三十本书。通过这些书，在流量这块，我可以持续获取被动流量，不为流量焦虑，实现幸福感创业。

最后两个原因，出书可以建立专家人设，而卖书可以做一场百万发售。

国人都有一种潜意识，叫"铅字崇拜"。一个人出过书，就会让人觉得你在这方面是专家。

在中国，出书还是需要一定的流程的，一本书需要找到出版社，经编辑确认，内部立项，作者自己写书稿，出版社三审三校，最后报备拿到版号和CIP编号，才可以通过正规的渠道上市销售，整体下来，一般都需要3个月到半年。

而当你完成出书后，你会发现，一切才刚刚开始，你还需要为这本书的销售推广付出努力，付出时间。要把一本书变成畅销书，不仅需要对的定位、对的书名、对的内容，还需要对的营销方式。

厂长在出了大量书之后，也认识到了出书的价值，并且，我的恒星研习社中，有不少都是专业帮IP出书的操盘手。我还与其中的两位出书推书高手一起达成合作，推出了专门面向高客单IP出书、写书、推书以及做书籍发售的社群。

刘Sir是我操盘的书香学舍主理人，他是前磨铁的高管，在出版行业干了20年，他和团队累积出了几百本书，总销量超过5000万册。刘Sir最擅长做书籍的定位，他跟你聊1小时，就能结合你的商业模式、过往经历以及个人气质，给你一个最适合你的书名定位。

我和刘Sir推出的书香学舍，就是一站式面向高客单IP做出书、写书、推书的高端付费社群，这个社群运营了好几年，有600多位出书操盘手和高客单IP都在这个社群里深度碰撞。

另外，你可能想象不到，卖书也可以做一场发售，而且不仅可以卖书籍，还可以书籍为载体，搞各种不同的玩法，通过发售书籍，来获取精准流量，并且顺利成交万元甚至几万块的高客单产品。

厂长有好几次，都是在发售活动中加入了新书首发的元素，顺利完成了好几次几百万量级的发售。

所以，除了书香学舍，我和专门做出书发售的金雨麒还合作了一个商学产品：一品千万研习社，教大家如何打爆一个引流品，来做裂变式发售，实现后端高客单产品的批量成交。一次发售，不仅能够通过引流品立人设，还能卖后端几万块的高客单产品。

在本书的案例篇，我还会把刘Sir以及金百万（金雨麒）他们的故事、商业模式拆解，也作为案例分享给你。如果你要出书，要做书籍发售，建议跟他们聊一聊，一定会让你在出书路上少走弯路。

总结一下，如果你是一个比较擅长写的人，建议你学习厂长的模式，通过出书的方式，来做内容并获取流量。

另外，厂长经过多年的出书实战，总结了许多高效写书、推书的方式。我经常会在我的恒星研习社以及线下大课中，迭代我最新的出书打法和认知，帮助更多的高客单IP，同样一份时间，可以出更多的书，把书卖得更火爆。

在第二阶段，厂长讲了私域能力以及流量能力。这两个能力，都属于做IP的杠杆。IP是当下普通人可以牢牢抓住的最强杠杆之一，如果你懂得用正确的姿势做IP，借助IP杠杆，你可以实现自身价值的十倍放大，打造小而美的团队，年入千万，初步实现幸福感创业。

第三阶段，结盟和发售：借助联盟杠杆，构建盟友矩阵，实现超级发售，实现从1000万到1个亿。

一个拥有专家人设的高客单个体，掌握了IP对应的流量和私域能力后，每年的产值突破千万，难度基本不大。

但是，如果可以借助联盟杠杆，打造超级发售，每年的产值甚至可以突破1个亿，这也是超级个体幸福感创业的极限，再往上走，厂长不建议，你也会变得不幸福。

前面，厂长分享了最重要的一个能力，是发售。

发售的本质，对外是零存整取的批量成交艺术，而对内，是不断结盟造势的过程。因此，联盟打法，联盟思维，结盟的能力，这些因素对于高客单IP完成单场破千万的发售尤为重要。

接下来的部分，是厂长非常独到的认知，也是厂长在发售界短短的2年时间内快速脱颖而出，成为黑马，成为顶流的核心秘诀。

如果你可以看完，并且透彻理解为什么要结盟，以及如何快速跟人结盟，我相信你也可以做到一年顶十年，两年时间，就成为一个赛道的顶流。

结盟是什么？为什么超级个体要结盟而不是合伙？

首先，任何商业体，老板一个人都不可能一次就搞定所有事。IP创业，超级个体也不例外。

一个商业模式闭环再简单，也有引流、成交、交付、转高客单等流程，这些能力还是大的能力群，还可以进一步细分为很多具体的能力。给你看一个图，图中的各项能力，是一个完整的商业闭环，所需要的各项能力有：

一个商业闭环所需要的能力

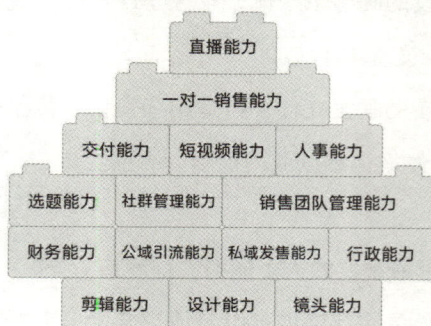

	直播能力		
	一对一销售能力		
交付能力	短视频能力		人事能力
选题能力	社群管理能力	销售团队管理能力	
财务能力	公域引流能力	私域发售能力	行政能力
剪辑能力	设计能力	镜头能力	

如果我们把一个商业闭环细分到很小的颗粒度，就可以拆解成以上不同的能力。而一些能力模块，可能就对应一个业务部门。

90%以上的人只能做好一个，极少厉害的人能做到两三个。即使少部分创始人拥有全能的能力，但时间上也不允许一个人搞定所有的事情。

传统的合伙人，就是价值观一致、能力互补，从而撑起一个伟大的事业。这样的合伙人是严格意义上的公司股东。大家绑定得很紧密。进来之后，要确定合伙人能分到多少股份。公司规模大了之后，还要设置不同的股权获取条件。

如果合伙人能力不行，谈分割的时候也巨痛苦。而且，引进一个不合适的合伙人，还会导致团队分崩离析。

在这样的背景下，选择一个长期稳定的合伙人，比结婚还难。

因为双方要能力互补，价值观一致，而且人生阶段也要匹配，外加新合伙人能够融入团队，经常会有空降的新合伙人跟老部下闹矛盾的问题，老部下都会觉得新合伙人条件更好，老大更喜欢，这是很多公司做不大的原因。

举个特别简单的例子，你们公司引进一个新的合伙人，只给3%的股份，但对方突然做出了占比50%营收的一个新业务。

作为老大，你怎么平衡好新人和老人的贡献？老人如果这个时候想把新业务拿过来，美其名曰让新合伙人再做一个新业务，你怎么办？

厂长就经历过这样的困境，实话说，非常难办。很多时候，大家道理都懂，但是真到了这样的情况下，每个人都会不理智，都是带着立场说话和做决策，很难处理。

而"盟友"就不一样。高客单IP，可以有很多"盟友"，他们是独立的创业者，而跟他们合作的方式，不是传统的股权绑定，而是基于项目来合作。

在超级个体创业时代，分红权的价值要高于股权。所以，如果你拥有结盟思维，舍得付费，愿意分钱，那么你可以获得一个超强的杠杆：联盟杠杆。

通过联盟杠杆，你几乎可以撬动所有你不具备的能力和资源。当然，这一切是建立在你自己也拥有对应的强项，以及IP的势能影响力上的。

所以，在超级个体时代，特别是高客单超级个体的圈子中，大家更多是以这样的方式来协作，构建联盟的。

一个超级个体团队需要的能力

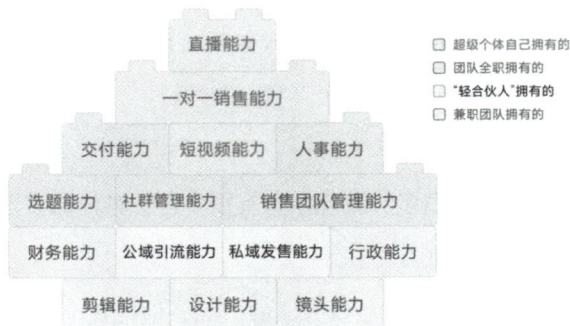

我来举个例子：

我的恒星IP联盟，他们大部分都是各个领域的佼佼者、隐形冠军，他们在所在的领域有非常强的能力和案例，也有一定的私域流量。但是，他们缺乏势能，缺乏私域发售的能力和经验。

按照传统的合伙模式，他们如果需要做发售这块的业务，需要把我当成合伙人，吸纳到他们的公司里。但是显而易见，这是非常困难的一件事。可能谈判就要花几个月，而磨合又要花几个月，还会带来许多团队的内部矛盾和问题。

但是，借助"联盟思维"，他们可以跟我合作做一场发售。厂长的发售，都是全程操盘，保姆式服务，而且在收费模式上，我坚信"结果式付费"是最好的合作方式。

因此，他们跟我谈一个合作，我们按照项目或者按照年来签约，1年给他们做两次发售，每次发售实现的GMV，按照双方实现认定的贡献度来做合理的分成，双方也约定好彼此的权责利，然后一起推进，彼此赋能。

也就是，双方各自做自己最擅长的部分，比如厂长和团队擅长造势、流量以及发售的执行，对方擅长内容、交付，那就做好分工，一起完成这一场发售。发售结束，直接分钱。

这就是我的百万高客单业务，大家和我"结盟"的方式。

我跟百万商业粉丝大V"清华陈晶聊商业"一起合作的星光研习社，在1年的时间里，创造了800多万的GMV增量，而这部分收益，直接跟厂长按照比例分钱。我们是彼此的"轻合伙人"：深度合作，但是又不是严格意义上的捆绑合伙。

这样的案例还有很多。我现在也有很多各种各样的"盟友"，比如在出书领域，我就跟刘Sir有深度合作。

刘Sir有一个30万+50%版税分成的产品，他帮我出书做规划、做定位，并且结合定位，帮我梳理出书的提纲，变成100个问题，通过采访的形式，亲自跟我聊三天。根据这三天的视频素材，他的编辑整理成书稿初稿，而且还帮我剪辑出来，成为我可以对外发布的短视频。

通过这个产品，不仅可以节省我3个月的构思、写书的时间，还可以帮我产出几百条我自己的口播短视频，最后还帮我对接出版社，盯着书籍出版。

　　当然，如此重的服务，我不仅要给他付30万的服务费，这本书的版税，我还要跟他五五分，可以说，是非常贵的一个出书服务了。

　　虽然贵，但是我觉得很值，因为这样的方式，本质上就是一种"深度结盟"，在出书这个项目上，我可以快速获取刘Sir的行业资源，以及20年出书的丰富经验。但是，因为刘Sir，以及双方灵活的合作模式，我不需要去找出书的专业人才作为合伙人，也不需要养一支策划、编辑、短视频拍摄和剪辑的团队。

　　最后算下节省下来的时间和金钱，太值了。

　　靠着我的推荐和转介绍，不少恒星联盟的IP，都跟刘Sir完成了"结盟"，比如红人馆的主理人璐璐、销讲天王周宇霖、跨境女王笛子等。

　　通过"联盟杠杆"，只要你愿意付费和分钱，并且自身有专业的积累，你可以快速获取市面上最优秀创业者的最强能力，让你的业务快速翻倍增长，快速构建一个基于个体写作的"商业帝国"。

　　关于"联盟思维"与"结盟能力"，你在哪个层级？

　　厂长的恒星研习社有1000多个老板IP。在观察了大量的创业者，并且与许多高客单IP结盟合作后，我发现，结盟其实是一种能力。

　　按照不同层次，我分为5层，也欢迎你来对号入座。

　　第一层，也是大部分创业者在的层级：没有"联盟思维"，不懂得"结盟"的价值和优势，只想赚钱不懂花钱，喜欢吃独食。

　　这是大部分创业者挣不到钱，或者不能快速拿结果的原因，因为他们只想赚钱，但是不懂得花钱，更不懂得分钱。

　　厂长在做IP前期，每年会花几十万各种付费，认识牛人，开拓视野，并且找优秀的人合作。不仅厂长，我发现，大部分拿到了大结果的高客单IP，前期都非常舍得投入。

　　他们明白，比起金钱，自己浪费的时间更加宝贵，更加不可复制。而有的时候，一个赛道的机遇就那么几年，过了这几年，再要做这个赛道，成为头部，你可能要付出十倍百倍的努力都不一定成功。

第二层，20%的IP创业者在这一层上：有中低客单的付费意识，但希望所有事情全部都自己学会，自己干。

这种人，一般都还没有挣过大钱，以刚刚离职创业，有点积蓄的职场高管为主，也包括少部分没开窍的创业者。他们会付费中低客单的课程、社群产品，一般不会超过3万块。

但是，他们不管付费任何产品，都抱着一个心态：我要学会全部的东西，然后所有事情都自己干。

这个心态对不对呢？对，但是不全对。

前面的部分是对的，花了钱买课，就是要认真学。但是后面半句话不对，在执行过程中，并不是所有的事情，都要你自己干。

每个人都有自己最擅长的天赋，每个人的精力时间也是有限的，如果你全部干了，会累死的，而且你一定每件事情都干不好。

第三层的创业者：有高客单付费意识，擅长通过付费和分钱撬动更大的杠杆，但是合作经验不太丰富。

到这个层级，已经是创业者人群中5%的存在了。

花100万让我来做操盘的头部IP客户，都在这个层级上。他们深刻地理解，自己只需要精通一个核心能力就好，其他的交给盟友，交给更专业的人。

第三层的创业者与下一个层级相比，有一个需要提升的空间，就是合作经验相对不够丰富。

第四层的创业者：有付高客单的能力和习惯，也有收高客单的能力和习惯，创业者有清晰的判断力，丰富的合作经验，在合作意识和合同这块的经验能力强，合作风险的处理能力也很强。

在第三层的基础上，没有三五年的创业经验，没有踩过十几个合作的坑，一般都到不了这个层级。

很多创业者都非常不喜欢看合同，更不喜欢起草合同，甚至签了字的合同自己也不仔细过一遍，这样的创业者属于典型没有踩过坑的创业者。

厂长也并不是一开始就精通合同的起草和沟通，也是踩了足够多的坑之后，每次一想到要跟别人合作，脑中就会浮现出之前踩过的坑、碰到的不靠谱的合作伙伴，所以直接就会想到哪些事情需要事先约定好，把丑话说在前头，从而避免后面的合作风险以及内耗。

另外，第四层的创业者，不仅能够付高客单，同时他还需要具备收高客单的能力，也就是他自己的核心能力，也变成了一个高客单产品，被别人需要。

这样的创业者，可以实现更广泛、更高效率地结盟，进一步放大自身的商业价值。

最后一个层级，结盟力第五层的创业者，他们在第四层的基础上，还有发起联盟的意识，有合作的格局和胸怀。他们不仅可以构建外部的IP联盟，盟友如云，还能构建内部操盘手联盟，良将如潮。

只有不到1%的IP创业者可以达到这个层级。

这个层级的高客单IP，往往都是一个高端付费社群的主理人，有自己的高客单产品，也有许多顶级的案例。另外，到这个层级的IP，一般都会接很多高客单项目，这时他自己肯定不能一个个做交付，因此，他自己内部也有操盘手联盟，能够构建内部创业的环境和氛围，留下优秀的人才。

这个层级的IP，不仅需要对外的结盟能力，还需要对内的结盟，或者我们称之为"管理"的能力。

总结一下，从第一层到第五层，厂长给你做了一个关于"结盟力"的层级表格，你可以看看你位于哪一层。

结盟力：与其他IP结盟的能力

实现势能、流量、成交的高倍率放大

1分 IP没有结盟意识，只想赚钱不懂花钱，喜欢吃独食

2分 IP有低客单的付费意识，希望所有事情全部自己学会

3分 IP有高客单付费意识，擅长通过付费+分钱，撬动更大杠杆，但是合作经验不太丰富

4分 IP有付高客单的能力，也有收高客单的能力，IP有清晰的判断力，丰富的合作经验，合作意识和合同经验能力强，合作风险处理能力强

5分 IP有发起联盟的意识，有合作格局和胸怀，不仅可以构建外部IP联盟，盟友如云，还能构建内部操盘手联盟，良将如潮

"联盟思维"与"结盟能力"，是一个创业者需要持续打磨，持续修炼的能力。把这个能力修炼好，不管你是做发售、会销，还是流量、私域，都可以向最优秀的人借力，创业如虎添翼，事半功倍。

第三阶段的第二个能力，就是发售能力。关于发售，前面我们讲了发售是什么，为什么那么重要。接下来，我们会有单独的章节，来具体讲发售的方法论，如何落地。

在讲发售的方法论之前，还有一个非常重要的模块，那就是产品体系。

高客单 IP 如何搭建产品体系

不管你做不做发售，高客单IP创业，都需要构建一套属于你的完整商业模式。而不论任何商业模式，你都需要明确产品名称、客户是谁、解决什么问题、

定价如何、产品做多少个等问题。

产品对高客单IP创业而言极其重要，厂长在这块也踩过不少坑。接下来会把我多年的踩坑经验总结成三大关键认知，希望可以帮助到每一位想要做高客单超级个体的读者。

关于产品的第一个认知：高客单的本质，是超越竞争

高客单超级个体的一大特点，不仅仅是客单价高，更重要的是利润率高。

很多人可能会好奇，为什么就没有人搞价格战？为什么你可以维持这么高的客单价，同时维持这么高的利润率？就没有竞争对手，以价格战的方式，推出同样的产品和服务，来抢走你的客户吗？

接下来，关于高客单本质的这个认知，是厂长的一个关键认知。如果你可以深度理解，这对于你不走弯路，几年内赚到人生的第一个1000万利润，尤为重要。

高客单的本质，是超越竞争。怎么理解这句话？

首先，如果你的商业模式赚钱，有高额利润，一定会引来无数的抄袭者，来快速复制你的所有SOP和商业模式。

我看中国首辆法拉利的大佬李晓华的访谈，他的第一桶金，就是来自购买了一台制冰机，在北戴河的一个人流量很大的海滩上制作冰淇淋，结果那一个夏天他赚得盆满钵满。就在第二年，他的团队准备继续大干一场的时候，他果断卖掉了制冰机，然后放弃了这个市场。

为什么？因为这个模式的壁垒太低，大家都看到李晓华第一年挣到了那么多钱，于是只要一打听，哪里有制冰机的货源，自己纷纷买过来，也抄袭一样的商业模式，这个赛道同时出现了许许多多的竞争对手，最后，大家就一定会做一件事：打价格战，你2块，我1块，他5毛。最后，可能所有人都挣不到钱。

这就是所有市场都存在的一个现象：商业竞争。学过《微观经济学》的读者应该知道，在一个完全充分竞争的市场，所有的公司都不赚钱。

但是，高客单超级个体，他们可以做到超越竞争，从而做到行业高客单价和高利润率。

超越竞争有两种方式：第一，没有人跟你竞争；第二，壁垒太高，我学不来，根本学不会。

第一种情况，只会发生在这样的市场：小众、细分。

因为这个市场很小众，客群很细分，甚至这个市场是刚刚形成的市场，这个定位，这个需求，是刚刚兴起的需求，所以没有太多人关注，已有的竞争对手也不太多不太强，你稍微用点力，就可以快速占领市场，占据优势位，成为行业的头部。

前面厂长提到，高客单IP定位的十字箴言："小众、低频、高客单、重交付"。只有这个市场大公司看不上，厉害的人看不上，资本看不上，才有我们普通创业者的机会。

但是，当你占据了一个小众细分的市场，并且开始赚钱，实现高额盈利，你还要持续思考一件事情：如果同行加入，抄袭你的模式，你怎么办？

不要怀疑，一定会有的。如果没有，那么要不就是你的保密工作做得足够好，要不就是你这个生意必须有特殊的牌照或者关系。

那么这时，你就要思考一个问题：我做什么事情，才能够不降低价格，不跟同行打价格战，依然让客户选我，实现"超越竞争"？

所以，第二种情况：你构建了高壁垒，打的核心卖点别人根本学不来、学不会。

有一本书叫《海底捞你学不会》，对，这就是一种超越竞争的理念，因此，海底捞才能成为中国餐饮第一股。

这种学不会，可以体现在不同的维度上：组织能力、行业势能、特殊牌照、垄断地位等。总之，就是客户不得不选你，而同行又短期抄不走的一种核心能力或者核心资源。

拿我自己举例：厂长的百万发售全案在推出之后，以高昂的价格，以及不低的分成比例，快速签下了很多的大IP。同时，也有不少其他发售操盘手，也希望复制厂长的商业模式，来推出发售的操盘服务。

但是，几乎所有顶流IP在接触厂长后，都会把厂长作为第一优先选择，哪怕厂长的收费比同行贵，哪怕厂长定的分成比同行高，但依然几乎所有人都会选厂长。为什么？

因为厂长的发售壁垒不仅仅在操盘技术和商业能力上，而是在于厂长自身的势能高，另外厂长的25万私域流量庞大，还有厂长构建的5000人各种研习社矩阵的高净值人群，1000人恒星研习社成员，以及50人的恒星顶流IP联盟共同赋能。

跟一般的发售操盘手合作，只能做到1万曝光，100万GMV。但是跟厂长合作，可以借助厂长的势能和流量，做到50万精准曝光，300万GMV。

那么这个时候，虽然一般的发售操盘手只收取10%的操盘费用，而厂长收取40%的操盘费用，还要提前收100万的保证金，但是算一下总账，再算一下发售带来的势能增量以及长尾效应，就会毫不犹豫做一个选择：虽然厂长收费更贵，但是仍必须跟厂长合作。

厂长之所以会持续创作，持续写书，持续把流量都沉淀在私域，这是因为，我也在构建自己的商业护城河，长期做到超越竞争，实现高客单价和高利润率。

别人也可以学习，但是只要我有先发优势，领先对手两三年，对手不可能在短期内实现我这样的私域体量和势能高度，那么我依然会是所有顶流IP做发售的第一选择。

这就是超越竞争：别人想跟你竞争，发现你已经有足够高的壁垒，我根本没法模仿。

看到这里，建议你回到上一篇，看一下厂长的定位七步法，第四步是产品与闭环，第五步就是案例与差异。对，你还要持续思考一个定位最重要的点：你的差异化是什么。

并且，如果你理解了超越竞争，在你的商业模式闭环跑通之后，你不仅要思考你的差异化定位是什么，你还要再思考一个问题：这个差异化的定位，别人是否好学好抄？

后面那个问题，可以让你在应对未来一定会出现的激烈竞争时，不至于陷入价格战，双方相互降价，搞得最后谁都没有利润，而且能够形成让你立于不败之地的竞争格局：超越竞争。

这也是高客单超级个体的本质。

关于产品的第二个认知：严控产品数量，是最大的克制

在产品数量上，90%的创业者，包括厂长本人都踩过大坑：企图通过不断增加产品数量，来不断增加营收。

如果你做的是平台公司，比如淘宝、京东、抖音等，不管是电商平台还是内容平台，这个战略的确没错：你需要有足够多的商品，足够多的SKU，来尽可能满足所有人的需求，从而获得更好的投产比。

但是如果你做的是小而美公司，特别是高客单IP主导的超级个体创业，那么一定要严格控制产品数量。

很多IP创业者之所以过得不幸福，就是因为倒腾出了一堆产品，每个产品都交付得身心俱疲，把IP的时间完全占满之后，IP根本没法聚焦把一款产品打磨好，也没有时间腾出来做流量，做战略思考，做优质人才的招聘。

乔布斯当年重新执掌苹果时，他一看，公司居然有30多个产品线，每个产品线不仅相互打架，用户不知道选哪个，关键是内部也在相互抢夺资源，没法

做到力出一孔。所以，他回来第一件事情，就是砍掉了公司的近30个产品线，并且画了4个象限，分别代表不同的4种人群客户。最后，在每个象限只设计一种产品，公司的资源都投入在更少的产品上。

用这种方式，只有一个产品的iPhone，打败了拥有四五十个不同型号产品的诺基亚，让iPhone不仅畅销海内外，还坐拥整个手机市场80%的净利润。而这个举动，也让苹果成为世界上市值最高的上市公司。

所以，会做加法，是徒弟；会做减法，才是师父。

要说明一个前提，厂长指的产品，是核心利润品。一个IP可以有许多的引流品或者渠道品，但是这些产品的设计，都是服务于核心利润品的。

厂长在做IP的第二年，就陷入多产品线的困境中。我当时每天不仅在做流量，还在思考怎么样让流量变现更多，所以我一口气推出了七八门999元的录播课，希望为客户提供更多的低客单产品，来增加公司营收。

后来我发现我错了。过多的产品，而且还是低客单产品，不仅占据了我大量的时间来做产品设计，用户也会陷入不知道应该选择哪个产品入手的纠结之中。而且，低客单产品带来的客户质量也不高，很难让他们真正拿到结果。

最后，我在2022年底，砍掉了我的低客单录播课产品，在核心利润品这块，只保留两个产品，一个是批量交付的研习社产品——教大家怎么做私域、发售，以及高客单IP，另外一个是个性化交付的百万高客单产品——帮少数的头部IP做私域、发售，一起拿结果。

在我做出产品调整后，我的业务立马就有了不一样：营收第一年为千万量级，第二年就翻了好几倍。而我的团队，只增加了不到15个人。而我的案例、势能、背书，在短时间内又爬上了一个台阶，成为私域和发售领域的头部IP。

现在，每次我看到新手创业者做产品规划的时候，一上来就是五六个产品，录播课、直播课、训练营、研习社、陪跑、操盘，全部都做一遍，而我问对方团队有几个人，对方回答"目前就我和一个助理"的时候，我都会给对方一个真诚的建议：对你而言，做减法其实更重要。

对高客单IP，严控产品数量，是最大的克制。

关于产品的第三个认知：金字塔模型高打低，而不是漏斗模型低转高

每一个关键认知，背后都是厂长本人或者厂长身边的老板们花了几百万学费踩坑换来的经验。

对，关于这块的认知，厂长也踩过大坑。

首先解释一下，做产品这块，什么是金字塔模型，什么是漏斗模型。

给你做一个图片展示，估计你会更清晰、直观地看到这两者的差异和区别。

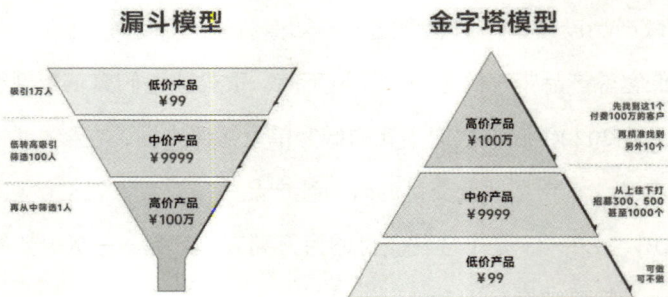

同样实现300万的营收

漏斗模型，是先用低价产品比如99元的产品吸引1万人，再从这1万人里头试图通过低转高，吸引筛选100个付费1万元，并且从中筛选1个付费100万的客户。如果要做10个付费100万的客户，那么你需要再找到10万个付费99元的产品，然后再把最开始低转高的漏斗模型再重复一遍。

而金字塔模型，是先找到1个付费100万的客户，然后再用这个付费100万的

案例，以及客户对应的资源、影响力，直接精准地找到另外10个能够给你付费100万的客户。当你有了11个付费100万的案例之后，再从上往下打，招募300、500甚至1000个付费9999的客户。

至于99元的产品和客户，可做可不做。多出来的时间，不如多做20个100万的客户，这样算下来，客户少了，但是总营收反倒更高。

那么，这两者的最终营收差不多的情况下，你觉得是漏斗模型更容易实现，还是金字塔模型更容易实现？

厂长可以很有底气地告诉你答案：金字塔模型的成功率是漏斗模型的10倍不止。

而且，这种差异不仅仅体现在成功率的巨大差异上，金字塔模型的用户口碑，以及IP的幸福程度，都远胜漏斗模型。

厂长之所以有这样的结论，就是因为这两种模式，我都亲身经历过。

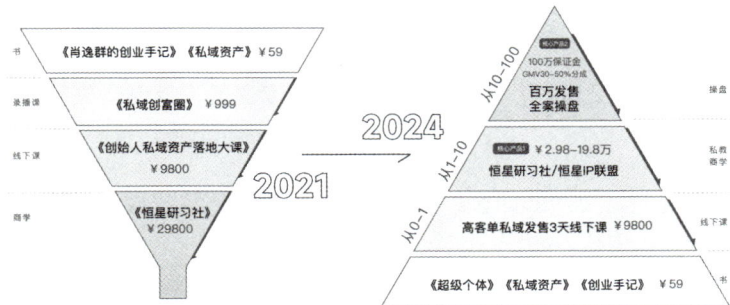

肖厂长IP产品体系变迁

如上图所示，这是厂长在2021年以及2024年的产品思路。2021年，厂长最开始做IP变现的思路，是漏斗模型。也就是先通过卖999元的低客单录播课加社群，我当时的产品是私域创富圈和小而美创富圈，通过对付费999的学员的用心交付，来实现低转高，吸引大家加入我的研习社。

想法很美好，但是现实却给我上了一课：

第一，定价过低，高端客户直接无视。

这也是最大的问题，我发现，愿意付费999加入一个年度社群的人，与愿意付费29800的人根本不是同一批人。

付费999的人，他们大多数并不是创业者，而是职场想创业的人。20%—30%的比例，是刚刚创业一两年，并没有太强支付能力的创业者，真正高端用户的比例，不到10%。

后来，在发售29800的恒星研习社产品后，我发现只有很少一部分来自我之前999社群的人。而跟他们深度一对一聊天之后，我发现，真正愿意为一个社群付费29800的人，其实不屑于加入999客单价的产品。

所以，当我定价999时，就把大部分的高端客户排除出去了。

第二，低客单产品交付很好，对我来说够了，为什么要升单？

这个问题，也让我欲哭无泪。我曾经在线下，跟一个可以升单的999产品客户做一对一。她当时跟我说了一句很扎心的话："厂长，你的交付太良心了，我的问题全部都解决了，搞得我感觉升单都没有必要。"

我当时又开心又尴尬，没想到自己追求过度交付，反倒错失了用户升单的可能性。

而我现在回看，跟999的客户做一对一，简直太不可思议了，因为我现在一对一的价格，已经涨到了1小时5万。

第三，低转高模型严重依赖流量，流量一断营收全掉，让人非常焦虑。

在做前面的那套产品漏斗模型时，我每天都要拍短视频做直播，因为我必须持续在公域搞流量，才能有源源不断的营收。一旦流量停止，我的营收就全面下滑。

那段时间，我对流量很敏感，也很焦虑，几乎所有的心思都花在搞流量上，在付费用户交付这块投入很少，也很难专注在深度赋能一两个客户，长期下去，增长模式非常不健康。

关键是，这种焦虑感也影响到了我的心态，我变得不幸福。

第四，也是最为重要的，高客单客户更容易拿结果，也更容易转介绍。

这一点，是我在后面推出百万高客单产品之后的发现。999的客户，他们问我的问题，都是"我要不要离职创业？我创业的话，应该往哪个方向？"这种特别初级小白的问题，这是一种"补差"的逻辑。

而当我有直接给我付费100万的高客单用户之后，他们的咨询都非常靠近结果：我应该发售哪个产品？这个线下千人大会，我要不要过去？过去之后应该怎样来吸一波流量？这是"培优"的逻辑。

后来我发现，如果一个人已经挣到了1000万，我让他多挣1000万，其实很轻松。但是如果一个人月薪还不过3万，我要帮他1年挣到100万，其实很费劲。可能服务1个普通客户的时间，帮他多挣100万，我可以让3个年入千万的IP，实现业绩翻倍。

关键是，当我帮1个1000万的客户把业绩翻倍后，不仅可以给我自己带来巨大的势能，而且他还可以给我转介绍3个甚至5个跟他同样规模的客户。这样的事情真实发生过，我合作的IP清华陈晶，在合作1年的时间里，她就给我转介绍了3个签约做百万全案发售的IP。

而当我私下问陈晶，最近有没有付费买过什么知识付费产品时，她跟我说：低于5000以下的，她统统都不买。

在亲身感受了两个模式的差异后，我坚定不移地选择金字塔产品模型，放弃了漏斗产品模型。

而在我持续做高客单往下打的金字塔模型后，我还发现一个极大的优势，这套模型还可以做到小流量、大变现。不要以为流量大就一定是好事，因为流量大意味着你会遭受到流量的反噬，如果蹭你的流量，黑你的流量，可以让其他人涨粉，当你有一些负面的苗头发生时，就必定会有无数的人黑你，来获取他们的流量。

这样的事情，在不少大流量的自媒体博主身上都发生过，IP圈的大流量博主经常频繁爆雷。而每次厂长看到一个IP被流量反噬时，都会再次坚定内心的想法：做高客单，小流量，大变现，深度成就少数人。

高客单产品的一个重要行业趋势：结果式付费

最后，厂长跟你分享一个高客单产品的未来行业趋势。这也是厂长自己的百万高客单产品，定价设计的核心逻辑，而我认为，这种设计逻辑，也会成为未来行业高客单定价的一个大趋势。

这个趋势就是：结果式付费。

什么是结果式付费？通俗一点来说，就是按照我为你创造的结果来收费。

比如，厂长的百万高客单产品，就是让对方先交100万的保证金，对赌3倍的GMV业绩。如果最后实现了500万的GMV，那么我们的服务费，按照500万乘以30%来计算，就是150万，除去之前的100万保证金，对方额外再支付50万即可。如果最后没有实现300万，假设只实现了100万的业绩，那么我们的操盘服务费是30万，我需要从之前的保证金里，给你退回70万的费用。

这就是对赌式合作，结果式付费。

厂长为什么会想到结果式付费？这是因为，厂长也给别人付费过高客单：我跟书香学舍主理人刘Sir的合作，就是先支付30万的费用，再按照50%的版税分成来合作。

我一开始感觉很贵，而且居然版税还要做分成。但是后来，我想通了：激励模式决定合作心态。我想要找到真正厉害的出书操盘手跟我合作，我想让他真正上心做这个事情，就必须付高价，而且要做深度的绑定。

想清楚这一点，并且跟刘Sir的合作开始启动之后，我感受到了完全不一样的体验：原来付费高客单之后，对方的服务可以这么爽。所以，在我自己设计高客单产品时，我就参考了刘Sir的收费方式。并且，因为我的发售业务离变现更近，所以我干脆基础服务费也不要了，只收一个保证金，通过保证金来筛选最优质的客户，然后通过分成合作的方式，让双方一起往一个方向努力。

现在，我签约的几十个恒星联盟IP，都是这样的保证金加发售收入分成的合作方式。谈合作的时候，我也发现，只要合同到位，对方几乎没有任何的顾虑，谈合作非常爽快，而且通过这样的方式，我可以签到真正厉害的大IP。

在用这样的模式做高客单之后，我发现，身边越来越多的IP，也都采用这样的方式，来做高客单业务。他们对赌的结果，不一定都是GMV，而是孩子加入名校，而是公域实现多少精准引流等。

所以，如果你现在还在业务的冷启动期，我也建议你用这样的收费模式，实现业务破局。我也坚信，结果式付费的模式，会在未来成为越来越多高客单IP设计自己最高客单价产品的收费方向。

讲完了关于高客单IP的产品体系三大关键认知，以及一个重要的未来方向。接下来，厂长为你拆解发售具体落地方法论。

发售落地方法论：三大类发售模型

理解完高客单IP产品体系后，我们即将开启一个新的小节：发售落地方法论，我们先从单一发售模型开始。

单一发售模型：一次发售的宏观策略

做发售，其实就是通过一串连环的、系列的动作来营造高能场，最后实现势能成交。不同的发售模型，其实就是不同的连环动作。

厂长1年做几十场发售，自己创造了一些模型，也跟其他人学习了很多发售模型。我把市面上相对比较有效的模型做了个盘点，一共分为三个大类，十个具体的发售模型，他们分别是：

第一类，裂变式发售

它是强转化强裂变的一种发售模型，包括十年体裂变发售，用书裂变发售，打榜裂变发售，分销裂变发售，以及势能活动裂变发售。

裂变式发售，是能带来强转化，并且过程中还能做强裂变的一类发售模型。也就是既可以实现流量的裂变，又能实现流量的转化。

这套模型有个共同点，就是裂变诱因。比如十年体裂变的裂变诱因，就是十年体的发售信，用书裂变发售的裂变诱因，就是一本实体书，打榜裂变发售的裂变诱因，是打榜获取的对应福利以及相互PK的机制等。

在所有的裂变式模型当中，厂长最擅长的，就是十年体裂变发售。

2021年3月，我的第一封十年体裂变销售信《肖厂长：7年3000万私域沉淀，从300好友到公司年入6亿，今天想邀你搞个"大事"》，这封销售信开启了我1.0版本的十年体发售，卖私域创富圈产品，实现了单日100万的GMV变现。

2022年3月，我的第二次十年体发售，我又写了一封销售信《肖厂长：公司从600人降到60人，过去1年，我经历了什么？》，并且在这次发售中，做了重要的迭代：加入直播元素，一次发售直播，又实现了80多万的GMV，累计实现300万GMV。

2023年3月，我的第三次十年体发售，我顶着巨大的压力，发布了第三封销售信《肖厂长：3年8000万"分手费"，我终于成为一名"超级个体"》，在这次发售中，我成功地完成了2万客单价产品的批量成交，迭代出了十年体发售的3.0

模型，单次发售成交近400万GMV。

而这次发售之后，我开始把这套十年体发售模型复制在我合作的IP身上，帮璐璐、陈晶、高海波、周宇霖、格掌门等，分别都完成了一次或多次十年体发售，持续拿结果。

而在2024年的3月，我再次把十年体发售模型升级，发布了我第四封销售信《肖厂长：32岁创业10年，从8000万分手费到"准奶爸"，人不是因为成功而幸福，而是因为幸福而成功》。这封信一经推出，再次刷屏朋友圈，而这次的发售，我把多个模型组合在一起，最终实现了650多万的GMV。

厂长未来每年都会做一次十年体发售，过去的4篇十年体每篇都是10万+。我也坚信，未来厂长的每篇十年体，只要我的私域持续激活持续运营，也一定会是10万+。

这些结果也表明，十年体发售，是一套可以持续复制的发售模型，我也多次在我的恒星研习社以及我的线下课，对这套模型做过详细拆解。

十年体发售模型，一共有140多个SOP，我们内部的SOP文档，就有几十万字。

如果你想要了解十年体发售的详细打法，我有一份我们内部关于这套打法的总结文档。你可以关注我的公众号"私域肖厂长"，并回复关键词"十年体"，获取8万字的内部十年体发售复盘文档电子版。

除了十年体发售模型之外，还有一种最近开始特别火热的发售模型：打榜裂变发售模型。

这套模型是我2024年年初，跟其他发售高手学过来的一套发售模型，并且快速运用在我自己的发售，以及我们团队操盘的发售模型中。

这套模型有一个极强的优势，就是并不需要IP本人有非常大的流量储备，只要IP有很强的人设，有一些非常认可他的铁粉，并搭配上一个带队的总教练，几千的私域流量，就可以实现几百万的成交GMV。

厂长还有一个比较擅长的，是用书发售模型。

2023年7月，我用书裂变模型做了一次400人的线下大课，而这背后，就是用了一本书《高客单IP变现蓝宝书》来做裂变。

我还出版了一本书《AI超级个体》，这本书上市时，我用这本书帮白先生做了一场直播的发售，迅速帮他在广州拉起了一场300人的线下大课。

除此之外，还有分销裂变发售，以及势能活动裂变发售这几个裂变发售模型。限于篇幅，厂长就不再一一展开介绍。

第二类，标准发售模型

这类模型是强转化，弱裂变的发售模型。转化属性很强，但裂变属性相对比较弱。

厂长盘点了一下，包括标准公开课发售，生日体发售，以及探访式发售模型。

标准公开课模型，是最为标准的一套私域发售模型。这套模型比较简单，而且效果也不错，不少人做每年的小发售时，都会采用这套模型。

生日体发售模型，顾名思义，是以生日为主打来做的一套发售模型。这套模型需要提前布置好直播间，而且在直播间的出单也会非常好。

第三个是探访式发售模型，这个模型需要两个IP相互配合，以一个IP去探访另外一个IP，并且做全程记录的模式，来实现流量的相互导入与转化。

第三类，破圈养粉发售

它是强裂变，弱转化的一类发售模型。裂变属性很强，但基本没有现场的转化，所以也称为破圈养粉发售。

第一种是置顶视频模型，通过拍摄一条置顶视频，记录你的个人故事、产品以及差异化，然后进行私域的全量分发，从而实现一次私域的激活，并且顺带获取公域的流量，实现精准破圈。

第二种是赠书品牌模型，通过书籍加品牌视频，实现私域的新增，以及品牌视频的一度和二度人脉传播。

这种发售模型，一般都是用来做养粉，转化的金额不是特别多，但是它可以为下次发售精准蓄力，也是每个IP都有必要完成的一个动作。

为了直观呈现，厂长还特地做了张图片：

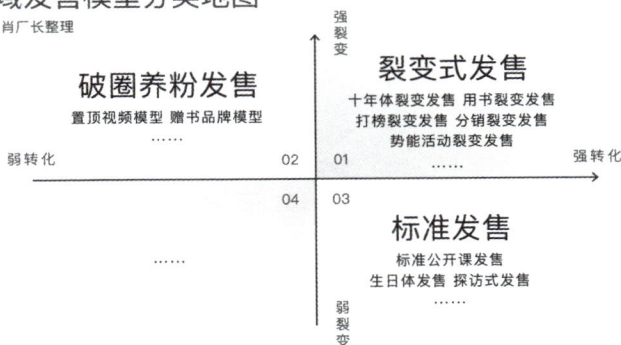

私域发售模型分类地图
By: 肖厂长整理

强裂变

破圈养粉发售
置顶视频模型 赠书品牌模型
……

裂变式发售
十年体裂变发售 用书裂变发售
打榜裂变发售 分销裂变发售
势能活动裂变发售
……

弱转化　02　01　强转化

04　03

标准发售
标准公开课发售
生日体发售 探访式发售
……

弱裂变

以上10个模型，一共3个大类，是经过厂长实战检验，发现可复制并且可以拿结果的发售模型。同时，厂长也在不断迭代自己的发售模型玩法，我们每个星期的操盘手周会，操盘手们都会调研市面上的几乎所有发售活动，来持续迭代我们的发售模型。

随着时间和用户习惯的推移，以及行业的创新，每过一阵子，可能又会有新的模型诞生。如果你想要获取最新的发售模型玩法，推荐你直接关注厂长的朋友圈，跟着在发售这块深耕细作的人，你可以与行业最新打法保持快速同步。

关注公众号"私域肖厂长"，回复"加厂长"，就可以加到我本人微信，围观我的朋友圈。

那具体不同模型适合什么IP，大发售的时候应该使用哪些模型来做组合等问题，因为IP的定位、私域、商业模式、个人故事、时间投入等情况不同，需要考虑的因素非常多，因此需要一事一议。如果你是IP，想做但是从来没有做过发售，建议你一开始就找一个专业团队来合作，这样不至于第一次发售踩坑。

如果你想要未来成为一名发售操盘手，恭喜你，这是当下非常好，并且人才供给非常稀缺的一个职业，对发售这个技能，只需要你系统地学习一遍，然后深度参与，跟两三个项目，就可以很快上手。一个好的发售操盘手，1年靠自己接活儿，帮IP变现300万到500万，自己拿个100万左右的提成，不难实现。

不做发售，但是拥有发售思维，你也可以收获创业的幸福感

技能篇的最后，我们来讲讲"发售思维"。

本书的核心脉络，就是实现幸福感创业的方式，成为高客单超级个体。而成为高客单超级个体，最重要最高效的一个杠杆，就是做发售。

但是，不是每个人都可以成为高客单超级个体，也不是每个读者都能够在3年之内完成一次发售。但如果你能够掌握"发售思维"，我相信，每位读者都可以从中获益。

可以说，厂长是发售思维深度掌握者，也是发售思维的最大获益者。接下来，我会用精简的语言给你诠释什么是发售思维，掌握了发售思维可以怎样取得事半功倍的效果。

发售思维，是一对多搞定事情的思维。

做发售，就是一对多做批量成交，这是一种最高杠杆的成交方式。而如果我们对标发售，掌握发售思维，你会发现，生活中很多事情，其实都可以通过一对多的杠杆来搞定。

比如做招聘，以前厂长团队做招聘，都是让HR用BOSS直聘等招聘平台点对点来沟通。不仅效率低，而且非常费精力，约面试也是零零散散，很难凑到一块。

但是做IP之后，我现在招聘，都是在私域发朋友圈，然后让感兴趣的候选人添加微信，写自荐信，按照标准作业流程来一步步筛选合适的候选人。得益于平时的积累，以及良好的雇主品牌。我每次发圈，都有几百人来申请，初试复试，都可以排得满满当当，一个下午面试八九个候选人，效率奇高。

再比如，我要找供应商，如线下大课的摄影摄像。以前我都是翻开通讯录，一个个去找，而且因为选项太少，经常找到不靠谱又特别贵的，还不得不选。而现在，因为我积累了足够多的私域和影响力，发一条朋友圈，把需求、预算和联系方式说清楚，就会有上百个团队添加我们团队负责人的微信。而我们团队负责人可以很好地利用一对多谈判的优势，不仅可以找到优质的团队，还可以谈到对公司足够有利的合作条款。

这是第一种发售思维。

第二种发售思维，是让自己全情投入的思维。

做发售的一个重要环节，就是做预告：我即将在两周后，开启一次发售。而当你开启了预告之后，除非有重大的变故，一般开弓就没有回头箭。

所以，很多IP在发售的推进过程中，虽然很辛苦，但是毫无例外，全部都咬牙坚持，全情投入，干到了最后。并且厂长操盘合作的发售，在一次结束后，都会特别爽，并且想持续每年都做发售。

如果你自己面临一个挑战，或者希望从今天开始改变自己，哪怕是每天读一本书，哪怕是每天锻炼30分钟的身体。如果你光自己想，下决心，其实可能只有10%的人可以坚持21天。但是，如果你借用发售思维，来下这个决心，你完全可以在朋友圈发布自己的计划，让大家监督你。

甚至，你还可以让大家给你点赞监督，如果没有实现或者中途放弃，你必须给所有点赞的朋友每个人发10块钱红包。如果你能够下决心这么做，那么我相信，95%的人都能够坚持21天，顺利实现自己的目标。

这就是第二种发售思维，把自己的计划公布于众，通过朋友的监督，让自己真正全情投入，去完成一件有挑战的事情。

说不定，一次下决心，就是你一生命运改变的起点。

第三种发售思维，是面对未知和挑战，不断拉盟友，为实现目标共同奋战的思维。

做发售，就是不断结盟造势的过程。厂长做过复盘，每次发售，50%的盟友资源都不是提前设计好的，而是因为自己的宣发、自己的决心被其他人看到后，被你的决心打动，所以无条件来支持你。

当你有一个目标，有一个挑战，你愿意借用发售思维在朋友圈记录，在社群中真实表达，你会发现，整个世界都会与你结盟，为你提供资源，为你搞定各种困难。

每个人的朋友圈，都有许许多多的巨大宝藏，其实你并没有完全开发出来。

如果你真的有很强的愿力，如果你能够借助自己的私域这个杠杆，用发售的思维，你可以快速获得许多贵人的支持和助力，用更充分的资源坚定地实现你的目标。

这就是每个人都可以借鉴的三大发售思维。

总结一下，本篇我们以实现一场千万级"发售"展开。

千万级"发售"，就是如何通过一次线上的活动，做到500万甚至1000万的成交金额，短期内实现大量变现，一次就完成全年一半甚至更多的业绩。

学会了这个模式，你就掌握了通往幸福感创业的钥匙。

我靠不断迭代这套打法，3年，自己做了6次发售。每次发售，都可以获得朋友圈的刷屏+集中式成交变现。

后来，我不仅自己靠这套打法实现快速破圈和可观营收，2023年，我还把这套打法复制给了10多个我深度操盘的IP，在他们身上都取得了非常炸裂的效果。

我与出版领域的刘Sir、小红书40万粉丝博主璐璐、抖音商业直播间头部陈晶、品牌私域头部公司蓝鲸CEO高海波、大蓝的幕后操盘手CC，都合作做发售，成功将他们快速在目标人群引爆，实现IP破圈+集中变现。

许多IP，都是刚刚出道就可以实现破圈+变现。因为在这套打法中，没有一个动作是多余的。

而在各种亮眼的战报背后，厂长和团队在幕后直接帮IP做操盘，做执行，不断优化内部SOP，共同奋战拿结果。

同时，厂长还不断发展自己的恒星联盟，并且把操盘方法论不断复制给内部团队。

随着经验和势能的积累，厂长的"发售"打法，升级为"超级联盟+超级发售"。恒星联盟越来越壮大，而我们跟李海峰老师以及周宇霖的发售，不仅打透了他们的目标人群，还实现了千万的发售GMV。

跟厂长合作过的IP，在完成了一次发售后，无一例外，都持续在私域搞发售大事件。一年搞两三次，每次两周左右，可以实现大量的增量利润。

其他时间不用做销售，专心做交付即可，同时收获自由，实现幸福感创业。

因此，在1年做了近20场发售后，我坚定地认为，发售打法会成为未来10年IP创业特别是高客单IP创业的标配。

学会这套打法，不仅可以节省大量的时间，少做很多无用功，IP每年还可以在不做任何投放的前提下，多出一两倍的利润。

而对于有一技之长，想做IP的"新创业者"而言，这套打法也同样适用，可以让你更快速拿到结果，10倍速成为"高客单超级个体"。

接下来，我们再看两个高客单超级个体的案例，然后进入心力篇。

陈晶：从濒临破产的失业投资人，到实现生育自由的幸福感创业宝妈

陈晶，我的恒星研习社成员，可能是最懂公域直播的直播培训导师，现在，也是一位90后创业者宝妈。她自己的直播间连续3年万人在线，还累计帮学员孵化了3个万人在线、20多个千人在线直播间，百人在线不计其数。

陈晶原来是教育行业投资人，一路做到蓝象资本投资副总裁。2022年2月18日，因为"双减"政策，陈晶被迫开始创业，3年时间，蜕变成了5人团队、年营收千万的创始人商业IP，通过创业培训+直播培训业务，实现"高人效、高利润"的幸福感创业。

5年前，我和陈晶因"教育圈"结缘，彼时的她是蓝象资本的核心骨干，聪明务实、眼神清亮、透着事业野心。2021年前后，我们相继转型做IP，并且在新的IP之路上，达成深度合作，成为事业合伙人。

很多人记住陈晶，源于她那句"生死看淡，不服就干"。那她是如何从一个濒临破产的失业投资人，逆风翻盘为生育自由、时间自由的超级IP的？

事业破产，投资失败，"百万年薪"打工梦碎

陈晶出生于江西农村家庭，她自嘲是"小镇做题家"，信奉知识改变命运的她，一路通过高考来到北京，本科中国传媒大学，硕士清华大学。

毕业后，为了出人头地，摆脱贫穷底色，她进入了外人眼中光鲜亮丽的投

资行业。为了早日实现"年薪百万"，她非常拼命，一个人背着书包跑遍全中国去一线看项目，一周工作6天。

5年时间，从投资分析师做到了投资副总裁。就在她以为可以跨越阶层、改变家族命运时，2021年7月，"双减"政策落地，她所在的"教投圈"瞬间团灭，她认识的"高端人脉"要么破产了，要么跑路了。

一夜失业，她失去了所有的工作机会。

事业的溃败让她被迫思考打工的意义，她意识到：每个人都只是时代的一粒灰，个人能力再强悍，也无法对抗趋势、政策和系统。

帮助 1000+ 创业者，实现幸福感自媒体创业

学会直播后的短短的11个月，她靠在直播间每天连麦创始人、老板，教他们融资、股权知识，开设股权课、BP课，单枪匹马实现了年千万营收。

实现了收入自由的陈晶，却没有在财富追逐的路上迷失。

她说，人生不该只被世俗的成功而定义，你的自由不应该只是财富自由，还应该尽快让自己的时间更加自由，让自己有更多时间去爱身边的人，去感受生命，去感受意义。

她直播间万人在线的核心打法，我也放在了本书开头的大礼包里。

直播做起来后，身边很多朋友都来向她请教怎么做好直播。看到他们都在无效直播，直播间要么留不住人、要么不能成交，她决定要做一堂知识付费行业里最好的直播课。

2023年4月，我和陈晶合作私域发售，推出了她的培训产品"星光直播训练营"。由于课程有体系、能落地、可复制，她的直播课堪称"知识IP的造星梦工厂"。酒店、外贸、职场、美业、留学、养殖各行各业的素人、直播小白，都在听完课后执行落地，成为百人、千人在线的抖音细分赛道头部主播。

一名做美业的线下门店老板娘，以前直播两小时都卖不出1单，陈晶帮她做商业陪跑一个月后，每天稳定出50多单，客单价从3万升到了10万，实现了线上流量的破局。

一名做情感赛道的老主播，以前直播间几千人在线却零变现，陈晶帮她重新调整了商业模式后，她改到二奢培训赛道，从抖音赚到了第一个百万，成为赛道头部主播。

短短一年时间，她的直播培训凭着好口碑累计招募了1000名学员，陪跑了20+客户。

3年前的陈晶，一路凭借努力，从一名没资源、没背景的小镇女孩，蜕变成为教投机构的投资副总裁，本以为正在打工这条路上一步一步朝着"百万年薪"的目标前进，实际上却没有对抗风险的能力。

外部环境一夕剧变，直接让她失业破产，所有努力和梦想全部沦为泡影。

现在的陈晶，凭借"造流量"的直播硬技能，成为直播培训界的头部IP，不到10人的小而美团队，一年完成千万级营收。而她自己也成为拥有时间自由和生育自由，即将诞下"龙宝宝"的幸福宝妈。

陈晶，重新拿回了自己人生的掌控感，也找到了创业的幸福感。

郭琳：从线下实体濒临倒闭，到线上短视频百倍获客

郭琳，可能是我的恒星研习社里，靠拍短视频获客效率最高的IP了。

郭琳，是十年实体教培行业老板，公司受疫情影响濒临倒闭，被迫转型线上，靠着"拼命三娘"的劲头，成功跑通了短视频百倍杠杆的精准获客新模式。

我第一次见到郭琳，是在广州的一次恒星研习社的内部闭门饭局上，听到她分享视频号流量获客的打法，哪怕是低表现力的IP，她都可以做到0投放，一个下午生产1000条短视频，每月获得3000万精准流量，3个月就能获得1万个精准私域。

她说她的目标是，让所有低表现力的老板都能实现幸福感获客。

一开始我还不信邪，还专门飞去广州实地探访、亲身体验。在真正见识到、经历过郭琳的全套打法流程后，我才意识到自己发现了一个大宝藏，也了解了她一路走来跌宕起伏的故事。

疫情重创之下，内忧外患

郭琳出生在四川成都，16岁就开始单枪匹马闯社会。

2015年，她正式创办了自己的财商教培机构，仅用3年时间，就做到了珠三角地区头部，每年都会举办线下千人大会，年营收过千万。

就在公司一路向好，她铆足火力拼杀时，外部环境却一夕剧变。

2020年1月，郭琳刚刚开完线下千人年会大场，突如其来的疫情，瞬间让她的线下渠道全面瘫痪。

她说自己就像坐升降机一样，"嗖"的一下从高空骤然坠下，瞬间跌落，顷刻归零。

面对每个月的人工和场地五六十万的硬成本，她硬是扛了六个月没有裁员。

但面对公司入不敷出的窘境，以及看不见尽头的疫情，要想活下去，有且只有一条路，就是转型线上。

说得容易，但当时郭琳和团队毫无互联网经验，线上获客难如登天。为此，在接下来的两年时间里，她不惜花费了150多万，到处寻求线上破局的方法，不断试错，满是坎坷。

财商业务板块也因为无法交付线下课程，遭到学员集中退费，让原本就前路渺茫的她，更是雪上加霜。

屋漏偏逢连夜雨，老员工由于看不到希望，销售团队集体离职，甚至有些人为了要公司赔偿，玩尽手段。

内忧外患之后的故事，通常要么是悲壮的可歌可泣，要么就是励志的绝地求生。

流量获客之路，坎坷曲折

郭琳有一个外号叫"拼命三娘"，那段时间，她为了带领公司走出绝境，每天工作12小时，几乎全年无休，尝试了一套又一套的线上打法。

最开始找外部代运营团队，用剧情手法做内容，每次拍摄都要耗费大量的时间，还需要IP有很强的演绎能力。而当时他们主推的IP"杨安老师"，是个典型的技术专家型老师，表现力很一般，基本全程面无表情，极致冷静，极度抗拒夸张的表演。

三个月下来烧了几十万，虽然有点粉丝量和曝光，但是看不见一分钱的变现，而且IP非常反感这种形式，于是，很显然，第一次尝试失败。

紧接着市场上开始流行访谈式短视频，郭琳也跟着尝试，果然不到一个月的时间，就涨粉到两三万，但是很快又遇到了瓶颈。

原因是，这种访谈式的方法非常低效，两个小时也就出几条片。而且IP肚子里的货越挖越少，越来越没有爆点。团队便开始找别人的爆款来让IP演绎，结果十条文稿就被IP否掉八条。过于严谨的表达习惯，让他无法接受博眼球的表达方式，编导和IP反复拉扯，差点导致内容团队直接解散。

危急时刻，郭琳又看到一种新的打法：讲师课堂场景体。这套打法不占用IP时间，直接在课程现场取材，于是团队又开始了新一轮的尝试。但这种打法极其"吃"编导，时间成本从IP身上转移到编导身上。在测试的过程中，的确看到有效果，能够出爆款，但问题也很明显。

用这套打法可以发展起来的基本上都是MCN机构，人力和财力上都有优势。既可以筛选优质的IP，还可以用赛马机制筛选出多个优秀的编导来服务IP，强强结合才能放大流量。

但是很显然，郭琳当时的公司已经是千疮百孔，很难招到优秀的编导，也没办法像MCN机构那样，投入那么多的资金去捧一个IP起来。这就意味着，这套模型基本不可用。而且，还有另一个风险，核心流量能力在公司唯一的编导身上，一旦这个人离职，公司好不容易做起来的线上业务，也将面临全线崩溃。

扭转乾坤之法，百倍获客

我想到这里，大部分人应该已经选择放弃了。但是，郭琳骨子里永远有一股不服输的劲儿。为了突破这个困境，她继续四处寻找解决方案，她发现有一种说法叫"可复制的爆款，才是真正的爆款"。

于是她带着团队，重新梳理整个内容逻辑，反复测试，终于发现了一套可以让流量稳定的体系。利用爆款杠杆、拍摄杠杆、剪辑杠杆、运营杠杆、团队杠杆这五大杠杆，成功实现了IP短视频的批量产出。

爆款库的沉淀，加上成倍放大效率的拍剪手法，很快团队就做到了0私域0投放，每月稳定3000万的视频号曝光量。而且都是精准曝光，3个月加微1万个老板粉。

现在，她的IP一个月只用拍一个下午，就可以产出1000条短视频，满足他们100个矩阵账号的内容供给，非常轻松，不会被拍摄这件事情耗费大量的时间。

郭琳说跑通这套模式后，自己比之前做财商教培更加幸福。过去看似风光无限，但忙得像个陀螺，关键是抗风险能力极差，外部环境的变化，直接把自己拖进深渊。现在不仅产出高效、时间自由，而且业务非常轻，没有太重的成本投入，非常有安全感。

郭琳的IP"杨安老师"是个专家型老师，典型的低表现力IP。当时郭琳就想，其实很多企业老板都有精准获客的刚性需求，但又受制于表现力、成本等很多因素，一直没能打开流量入口。那这套打法，就完全可以复制给他们。

果然，他们把整个成熟的爆款生产流程赋能到新签约的IP身上，同样轻松做出爆款短视频，而且导粉率极高，每一万播放能精准导粉30—50人，直接问产品的不在少数。

成功之后，郭琳带着团队，还操盘了一个又一个赛道的客户，包括皮肤管理门店、家政机构、家庭教育IP、雅思英语IP、商业IP等，不论是知识付费还是实体项目，都一一帮客户实现了短视频精准获客。

她还把这套打法的核心总结成了《视频号矩阵保姆级起号SOP》，内容直接公开，你可以去看本书第一页彩页。

郭琳说，她想让全天下的低表现力老板都能跟她一样，实现幸福感获客。

心力篇

八大心理暗示，搭建强大的"底层操作系统"，实现幸福感创业

本篇是心力篇，我认为也是本书最最重要的一篇。

当你选择创业之路，不管是什么类型的创业，你面临的挑战、困难、竞争，起码要高出十倍以上。你面临的，一定是比之前困难得多的路程。

如果你还是创业新手，没有拿到过大结果，那么你会时常陷入一个自我否定的心态：我这辈子是不是注定就赚不到大钱？

对，这个心态，厂长在创业之初，没有跑通变现，还在亏钱时，就会经常这么怀疑自己，也经常因为这种自我怀疑而陷入精神内耗，变得拖延，变得悲观，甚至颓废。

不仅仅是创业新手，很多连续创业者也时常会因为一些客观原因，陷入负面的心理状态。原因可能是来自亲密关系，可能是来自业务受阻，也可能是来自团队的负能量。而一旦陷进去，就可能是几天、几周甚至几个月都不想动。

厂长深有感触，在自己能量值很低的时候，是不想干任何事情的。那时，内心就像悬着一块石头，想努力，但是根本没法拼尽全力，总觉得很压抑，很难受，很烦躁。

常言道，人生不如意之事十有八九，而对创业者而言，不如意的事情只会更多。

心力，就是面对困难，可以保持积极心态和持续动力的能力。如何应对这些困难，是每个创业者都需要持续修炼的能力。

破圈靠勇气，扎根靠心力，结盟靠实力。原本这本书写完技能篇，干货部分就可以完全结束。但我认为，通往高客单超级个体之路，定位能力、流量能力、私域能力、发售能力、联盟能力等，都是可以通过跟着对的人，在短期内学习的方法论，学成后，就可以变成自己随时可调用的"应用程序App"。

而真正决定一个人能不能长期坚持，最终拿结果的，其实取决于他自己的心力是否强大，也就是"底层操作系统"。

在心力篇，厂长跟你分享8个金句，也是8个心理暗示。

这8个心理暗示，是厂长每天在潜意识中，给自己不断重复的一些心理暗示。希望这8个金句可以帮你打造超强的"底层操作系统"，让你拥有强大的心力，更坚定地成为高客单超级个体。

心理暗示 1：这个世界就是个巨大的草台班子

这是这两年特别火的一句话，但是很多人都误解了这句话。

我认为，作为一名创业者，对这句话的理解应该是：战略上藐视，战术上重视。

什么是战略上藐视？其实，很多人在世俗意义上的成功，其实说白了，并不是因为对方智商比你高多少，而是赢在一个"敢"字上。敢表达，敢包装，敢坚持，敢于迈出那一步。

厂长在做IP之前，无比恐惧自己面对镜头，担心自己在直播间讲错话，第一次直播非常非常紧张，第一次开线下课之前也好多天连续失眠，担心发挥不好学员闹退费该怎么办。

碰到这样的状态，我就会在心里用这句话来暗示自己，调节自己的心态：世界就是个巨大的草台班子。虽然这件事情看上去我是第一次做，没有经验，但其实做着做着也就会了，也就习惯了，没有那么难。

然后我就去做了，果然发现用科学的方法找老司机带带路，掌握了核心要领后搞个两三场，也就会了。而当我克服了内心的恐惧和魔障，从高峰回看时，我再次坚定：这个世界就是个巨大的草台班子。

那什么是战术上重视？

你千万不要瞧不起草台班子，草台班子也是有门槛的。不少人自以为搭建了草台班子，但实际上是草包班子。

各行各业拿到结果的人，其实无一例外，他们早期做事情，就是凭借一个"敢"字，大家都是从零开始。但一旦开启之后，边学边干，边干边学，屡败屡战，不怕犯错也不怕被人笑话。

这不仅仅是一个人的刻意练习，还是一个团队共同的刻意练习。整个过程中，你要不断复盘，不断迭代，不断找厉害的人请教甚至付费请教，研究优秀的同行和对标。

厂长自己做IP，自己有太多迭代的经历了。比如在3天2夜线下大课做销讲，我以前万万不敢想象自己有朝一日会在台上做销讲，但是开了4次线下大课后，并且给各路大神花了200多万付费学习销讲后，我发现我也具备了销讲的能力。而且我的销讲可以非常自然，学员也丝毫没有反感和抗拒，单次线下大课就可以实现1800万的GMV，这是我以前想都不敢想的。

我见证过身边无数的IP创业者在一个领域从小白变成专家，他们的经历不断鼓舞我，让我意识到虽然所有人一开始起步都是草台班子，但是草台班子也是有迭代的。只有经过科学的指导，以及刻意的训练，你才可以从草台班子不断迭代变成一个专业的团队，才会变得具备稀缺性，能够成为高客单超级个体。

心理暗示 2：时间管理的 4 字精髓：高能、要事

这是一个专业做时间管理的IP，也是我的合作伙伴叶老师分享给我的关于时间管理的精髓，我非常受用。

你要明白，当你还一无所有的时候，你唯一的财富，就是你的时间精力。

你还要明白，当你略有小成，变成了几万粉丝营收几百万的IP，你每天的时间也会被无限拉扯，而你必须自己亲自管理的，还是你的时间。

厂长现在经营着30多人全职团队的公司，每年写几本书，开两次线下课，自己做两次发售，操盘几十场发售，还要运营25万高净值私域，同时兼顾生活，每年4次出国游或者自驾游。我每天都在思考应该如何管理时间，让自己既可以有扎实的事业，又可以有幸福的生活。

我的总结就是4个字：高能、要事。

高能，指的是保护自己的能量，让自己每天都处于高能量值的状态。要事，是把要做的事情做减法，把自己的注意力集中在最重要的一两件事情上。而"高能、要事"这四个字组合起来，就是每天把自己最高能量状态的时间，投入最重要的一两件事情上。

总结一下：能量值做加法，注意力做减法。然后在最重要的事情上，用最好的状态，花最多的时间。

比如对厂长而言，写书就是最重要且非常有价值的一件事，我会把假期的时间腾出来，反正出去玩也是人山人海，而假期的时候又没有工作打扰。所以，我会把假期的时间主要用来做一件事情：写书。

本书大部分内容就是在某个"五一"假期由厂长完成的。

到这里，可能有点颠覆你的认知：那些成功人士，不是每天都要干很多事情吗？你花那么多时间，只做一件事情，你究竟是怎么完成那么多事情的？

关于这一点，在后面的心理暗示中，厂长会给你揭晓。

心理暗示 3：如果勤奋可以致富，那么世界首富应该是头驴

从小，不少国人都被教导：勤劳致富，厂长也不例外。

但是后来，有个问题我百思不得其解，每个人的时间都是24小时，为什么很多无比勤劳的人却过得又辛苦又惨淡，而很多人也不是每天工作18个小时，却可以坐拥财富和幸福？

踏入社会后，我发现真是思维决定命运。

虽然有很多人都非常勤奋，但是大部分人都在用战术上的勤奋，来掩盖自己战略上的懒惰。他们为了躲避真正的思考，愿意做任何事情，包括日复一日的勤奋，可这是在低水平不断重复。

如果勤奋可以致富，那么世界首富应该是头驴。但是很多人根本没有意识到，自己其实在做着低水平重复的事情。

那普通人致富的真正逻辑是什么？厂长认为，勤奋是一个因素，真正致富的逻辑来自杠杆。

世界上有三大杠杆：管理杠杆、资本杠杆以及内容杠杆。管理杠杆，就是你通过雇佣他人的方式，减少你的时间投入，实现你的价值倍增。最直观的，

就是当老板。

资本杠杆，是通过现代社会资本契约的方式，投资他人，投资优秀的创业者，投资伟大的公司，实现财富增量。最直观的就是炒股。

内容杠杆，是通过生产内容，比如短视频、直播、写书、公众号、影视剧、写歌等方式，实现影响力和财富的倍增。最直观的，以前是当明星，现在是做自媒体博主，做IP创业。

现在对普通人而言最大的红利，叫表达者红利，而随着短视频、直播等内容平台的崛起，在过去的10年，以及未来的10年，这是普通人可以抓住的大红利。

所以，厂长之所以能够每天做那么多事情，并不完全因为厂长每天工作多么勤奋，多么辛苦。这只是一个因素而已。最重要的因素，是厂长懂得取舍，懂得把时间花在什么地方，懂得什么该做，什么不该做，懂得选择哪个圈子，离开哪些圈子。

总结成一句话，幸福感创业，不靠勤奋，靠杠杆。

心理暗示 4：少和不对的人生气。错的人，错的圈子，会害你一生

前面我们讲到，时间管理的精髓是"高能、要事"。这里头的高能，指的就是你的能量、你的状态、你的心力。

一个人早年在心智不成熟的时候，极其容易受身边人的状态影响。这种影响，大部分来源于亲密关系。

有一个金句，幸福的人用童年治愈一生，不幸的人用一生治愈童年。如果

小时候你的童年不幸福，那么大概率你的学业、你的未来，都会受很大的影响。

而更重要的是，这种不幸如果发生在你没有经济能力、没有自主选择权的童年时，你就会有一种对命运的深深无力感。不少问题少年，都不是本身天性就坏，而是一个问题家庭，一个问题童年所导致的。

对独立的成年人而言，大部分人都是自身圈子的产物，都不会主动选择圈子，也没有勇气对不好的圈子以及烂人说再见。但是有一少部分人懂得一个道理，叫机会成本，机会成本是指为了得到某种东西而放弃另一些东西的最大价值。

举个不完全的例子，我选择做A工作，月薪5000，但是如果我放弃A工作而选择B工作，而B工作的月薪8000，那么我选择A工作的机会成本就是8000。

大部分人都没有机会成本的概念，所以当有人跟他们内耗、纠缠时，当自己处于一个烂圈子时，他们第一时间想到的，是不断消磨时间和精力跟对方纠缠。

而在这种状态下，最需要做的，是远离烂人，远离烂的圈子。

我来举个发生在自己身上的例子：有人找我借了1万块钱，说1年内还。但是到时间了之后，询问起来时，对方以各种理由拒绝还钱。这个时候该怎么办？

我的思考逻辑：我有3个方案，找对方家人，跟对方来回拉扯，或者找律师起诉对方。但这些方案最少都可能要花我几周的时间，而且钱可能还要不回来。关键是，花的这几周，我完全有可能在其他更重要的事情上挣回来10万甚至20万。

那么在这里，我的机会成本就是20万，而我就会毫不犹豫放弃追讨欠款，把全部的精力放在更重要的事情上。而在借钱这件事情上，我会吃一堑长一智，以后碰到有人向我借钱时，我也会极度谨慎。

在每个人身边，都会有这样的烂人和破事，毫无意义，双方会耗费你大量的时间和心力，来相互拉扯。如果你是一个心力不强的人，很容易陷进去，从而一辈子都生活在负能量当中，也没法集中精力来大干一场。

真正段位高的人，他们会敏锐地看破这一切，然后果断选择消耗最少的方式，远离烂人烂事，逃离低能量的圈子。

错的人，错的圈子，会害你一生。只有切断跟他们的所有关系，你才能真正拥有稳定的内核，迎接更高能的人生。

Life is 10% what happens to you and 90% how you react to it.（命运的10%，是由发生在你身上的事情决定的；而剩余的90%，这是由你对所发生的事情如何反应所决定的。）

心理暗示 5：所有的伟大，都源于一个勇敢的开始

如果你想要离开一个人，离开一个圈子，但是对方不断告诉你，如果你离开他，你会一无是处，而跟他或者这个圈子相处，你发自心底地觉得不开心、状态不对，那么，我必须严肃地跟你说，你正在被PUA，你必须远离。哪怕这种声音来自你自己的内心，你有恐惧感，觉得离开了原有的圈子会再也回不来。

这样的声音，厂长也经历过。我问自己：离开了原有的平台，我会不会一无是处？

我曾经在体制内做银行小职员的时候，就感觉跟身边的同事各种格格不入，因为我的同事都在考虑下班后去哪儿玩，怎么样跟其他领导搞好关系，而我内心非常想要创业，想干出一番事业。

我的命运轨迹的转变，就来自我认识的一个师姐，她拉我加入了一个微信

群，这个群的名字，我现在还记得，叫：贸大校友创业与投资群。因为我们学校创业的人很少，所以群里只有不到200人。但是进入这个群之后，我仿佛找到了自己真正的归属：群里的所有消息，我都看了一个遍，群里组织的活动我全部都努力参加，群里的很多大佬，我都会加他们微信，并且努力向他们靠近和请教。

通过这个群，我认识了另外一个师兄，也是因为他建议我，让我关注微信公众号之后，我开始尝试做公众号，并且迅速发现这是一波大红利。我组建了团队，有了不少粉丝，还拿到了一笔校友的意向投资。

我非常开心，但是这时，再往前的话，我需要对原有圈子说再见，因为这笔校友的意向投资，需要我辞职之后全职投入，他才愿意给我。

我内心在不断拉扯：我背负着百万房贷，个人积蓄也不是那么多，创业九死一生，我究竟要不要辞职？

而另外一个声音告诉我：去尝试吧，跟随你内心的感觉，跟随你的热爱、渴望与梦想。

就这样，2015年，在我还有几个月就满24岁时，我向公司递交了辞职申请。

所有伟大，都源于一个勇敢的开始：破圈。

厂长的命运轨迹，也因为这次破圈，发生了天翻地覆的变化。并且，我在创业后，也多次破圈，并且最终，找到了自己最期望的圈层：高客单IP创业的圈子。

想一想，你的小学同学、高中同学、大学同学、不同公司的同事，是不是每次更换圈子，你的人生轨迹都会发生巨大的变化？而每次毕业前，大家都依依不舍，甚至痛哭流涕。

人生就是不断地相聚和离别。离别，是为了更好地相聚；离开，是为了更好的未来。

所有的伟大，都源自一个勇敢的开始，都来自一次勇敢的破圈。

心理暗示 6：凡事发生，必有利于我

所有人创业的起步期都非常不容易。而所有人创业上轨道之后，如果业务受阻，必须做转型，那转型也一定非常不容易。

到目前为止，我的业务已经转型了不少于10次。有一些是因为自己的思考不够深，有一些是因为行业的政策变化，有一些是因为大环境的整体变化……

经常有老板问起厂长，在发生了这么多变动之后，为什么我每次都可以顺利实现转型？

我想说，业务受阻，我也很难受、失落，但是在逆境下，我心里会默念一句话：

凡事发生，必有利于我。

这是一种强者心态。面对困境，弱者看到的是损失和风险，而强者看到的是机遇与成长。把这件事为什么发生在我身上改成这件事教会了我什么，你会发现，你突然拥有了上帝的视角，来轻松应对发生在你身上的种种不幸。

生病是提醒你健康的可贵，被分手是让你远离人渣，被人利用是教会你识人。

客户选其他对手，是因为你的服务并不能满足客户的需求，而对手已经在快速进步。政策变化是因为行业继续这么发展下去，整个行业都会乱套，官方必须出面来扭转局面。合作伙伴不再跟你合作而成为你的对手，你要思考自己的业务模式是不是不够有壁垒。

决定我们自身的不是过去的经历，而是我们自己赋予经历的意义，你的状

态，就是你的风水。越是把自己当弱者，越容易受到伤害；越是把自己当强者，就越无所畏惧。

而且，厂长对高客单IP创业者，还有一句建议：失败要趁早，低谷多拍照。

一个领域真正的高手，不是一坑未踩，而是把所有的坑都踩了一遍。如果你能够提前失败，提前踩坑，这个错误你会铭记终生。在以后公司做得更大，或者遇到更重要的客户的时候，所有你踩过的坑，都会成为你未来稳准狠拿结果的基本功。

另外，当你处于低谷时，强烈建议你多拍照，多记录。你一定要相信，未来当你逆袭翻盘，抑或东山再起之后，这些低谷的经历，特别是真实的照片，都会成为你制作十年体视频最宝贵的素材。

所以"凡事发生，必有利于我"这句心理暗示，建议你默念十遍，刻进你的肌肉记忆、你的潜意识里。它必将让你更强大。

心理暗示7：如果你有强大的愿力，你可以掌握任何技能

面对一个自己从未涉猎过的领域，或者一项自己很弱的能力，大部分人天生都会有畏难情绪。比如演讲、直播、写书。

此时此刻作为读者的你，是不是听到这三件事情，就很不想做，很讨厌，很想逃避？

厂长曾经也是如此。

我曾经很羡慕，很崇拜那些在线下可以侃侃而谈的演说家，我也很佩服那

些可以一直写书的作者，打开抖音直播间，面对千人万人在线的主播，看到令人羡慕的在线数字，以及主播流利的表达能力，我也羡慕不已。

这几个曾经是我最羡慕，也是我最恐惧的技能，在我做IP之后，我发现，如果要做有影响力的高变现的IP，我必须学会这些技能。如果学不会，长期而言，我的公司会活不下去，我会破产。

当我有这样的认知之后，我告诉自己，不是我想不想去掌握这些能力，而是我必须掌握这些能力。

强大的愿力，给我带来了强大的执行力，我开始正视我所有的恐惧，并且让自己不断"脱敏"，让自己参加线下演讲，不断做直播，不断开启写书的心流模式，让自己适应对应的状态。

这种愿力，甚至让我的声音发生了生理性的改变。

以前，因为有慢性咽炎，我说话不到1小时，嗓子就很累，会充血，声音很沙哑。而且，我的声音也不够浑厚饱满，我一直不太喜欢听自己的嗓音。

直到有一次，我听一个我的研习社成员说，他也曾经跟我一样，说一小时就累，而且声音不好听。但是他为了实现自己教英语的梦想，通过长期坚持练声，改变了他的声音。

听到他的建议之后，我在直播间主动提到，我希望改变自己的声音，想找一个专业的声音教练，愿意付费。因为我再过3个月，要举办一次2天1夜的线下大课，我不希望做拼盘课，我想全部课程自己来讲，因此每天我要讲8到10个小时，我必须把我的声音练好。

听完我的直播，有一位恒星研习社成员石榴叔主动私信我，表示自己可以免费教厂长练习发声，还亮出了自己的身份和履历。我一看，好家伙，声音那么好听，而且还是科班出身，中央音乐学院毕业，还免费一对一带教。

于是，我就跟着石榴叔开始学习。石榴叔给我定制了一套练声的课程，还给我布置作业，让我每天练习15分钟，为了感谢石榴叔的诚意，我有一天特地给石榴叔转了6000块钱，他说他不收费，要退给我。然后我说，这不是学费，而是保证金，只要接下来60天，我每天坚持练习打卡，拍成视频发给他，他就每天给我返100块钱。

当时我每天练声，要不断大声喊"嘿哈"，以及"八百标兵奔北坡"的绕口令。声音是如此之大，如此有穿透力，以至于我的办公室小伙伴都受不了，特别是隔壁公司的员工受不了，纷纷投诉。于是我就在家练，结果遭到小区邻居投诉。最后，我发现了一个最佳练声的场所：车里。每天我开车去公司的路上，我就一边"嘿哈"，一边去上班，每天坚持15分钟。

在石榴叔的科学引导，以及我自己的长期坚持下，一周后，我的声音就有了改观；30天后，我直播4小时完全不累；1年后，即使我不坚持练习，嗓音也变得浑厚有力，久说不累。

后来，我的几次线下大课，一个人讲两三天，每天八个多小时授课，四个多小时跟学员聊天咨询，一天12小时持续输出，嗓子也完全没有问题。

不仅仅是声音，我现在轻松搞定线下演讲，直播无须准备就可以上播，在写作这块，哪怕在嘈杂的飞机上、高铁上，也可以沉浸式投入心流创作，专注状态下1天可以写下2万字的高质量书稿。

现在回头看，我要感谢当时的自己有足够强的愿力，让自己直视恐惧，通过刻意练习，掌握了我曾经梦寐以求的技能：演讲、直播、写书，并且顺带永久地让我的声音变得浑厚，久说不累。

命运里有一个你无法想象的东西，就是一件事情能否成功，很大程度上取决于你信念的强度。也就是说，你越相信自己，越能沉得住气，就越容易得到自己想要的结果。

如果你有强大的愿力，你可以掌握任何技能。

心理暗示 8：人生终极幸福感，源于找到使命

世界上有三种创业者，第一种是找到了使命的创业者，第二种是假装找到了使命的创业者，第三种是还不知道使命是什么的创业者。

首先说一下，使命，就是你为什么要出发。与之相对的，愿景，是你希望去哪里，希望实现什么样的目标。

第一种创业者，是幸福而笃定的，他们也令人尊敬。

第二种创业者，表面上找到了使命，但是当使命与利益相冲突时，他们会摇摆。

马斯克就是第一类创业者。把电动车很多专利免费开放，把SpaceX的火箭场地免费开放用于拍照，把开发的AI大模型免费开源，所有人都可以下载使用。

如果他把这些都商业化，可以赚到更多收入，但是马斯克是真正有使命、愿景的创业者，只要这件事情符合他的使命、愿景，哪怕可能会影响到公司的收入，他也会毫不犹豫地选择去做。

他们是令人尊敬的创业者。

第二种创业者占比其实更多。但是，我想说，虽说他们的使命并不是印刻在自己的骨髓里，但至少他们有使命的概念，只不过因为人生阶段和经历的问题，还没有找到值得自己奋斗终身的真正使命。

他们有时是商人，有时是创业者，在财富与使命中，他们会摇摆。

不少第二种创业者在财富自由后，会成为第一种创业者。因为金钱、财富，已经不再是他们追逐的方向。这个阶段马斯克也经历过，他在年轻时就成了亿

万富豪，而财富自由后，他不断买豪车买豪宅，只不过他发现，拥有了这些之后，就是无尽的空虚，所以他毅然决然选择为人类的使命奋斗：带人类上火星，实现星际移民。

我想，对于马斯克而言，虽然他每天非常辛苦，但是他一定是非常幸福的。因为他找到了自己的使命，而且每天都在不断靠近自己的目标。

第三种创业者，是最普遍的商人，一切向"钱"看。虽然以绝对利益为导向，但只要他们合法经营、合规纳税，他们也是这个社会的中流砥柱，在为社会贡献价值。

这三种身份，厂长都经历过。

在本书最后的后记部分，我花了2500字，完整地记录了我自己一路走来为什么创业，也就是自己的探索过程。

这是一封非常真诚的独白信，如果你已经迫不及待，可以翻到本书最后部分，看这篇《创业10年，历经浮沉，我终于找到了创业的"新使命"》。

这封信的最后，我宣告了我真正认可的使命，也是我花10年时间找到的使命。因为这个使命是如此重要，以至于我在2024年的"五一"假期，放弃出去游玩的机会，写下这本《幸福感创业》。

因为对于找到了使命的创业者而言，为自己的使命奋斗，就是最高级的幸福感，会有源源不断的动力。

如果你现在还没有找到人生真正的使命，也不要着急，一步步来，厂长找使命，都找了10年。相信你在看完厂长的后记后，既可以明白使命的重要性，也不会为自己还没找到使命而焦虑。

接下来，第五篇案例篇，厂长为你介绍我身边13个超级幸福的创业者。希望你可以从他们的身上找到新的灵感，找到自己可以对标学习的对象。

案例篇

我身边那些超级幸福的创业者

孟慧歌：从超级卷王到松弛喜悦，90后高价IP年入千万的创业心法

孟慧歌，我的恒星研习社成员，是一名有8年私域经验的高级IP营销顾问，福布斯环球联盟创新企业家，也是第一位给我付费百万定金，做全案操盘的女性IP。

8年前，慧歌还只是一名来自内蒙古包头、月入2700的小财务，如今是坐标深圳、收费15万—63万学费的高价IP。她是一个很会"卖"的营销高手，我经常提及的"小流量、大变现"的超级个体赛道的典型。

她在微信只有2700个好友的时候，就已经靠朋友圈文案变现千万。15万的高客单价产品"慧歌商业私塾"，在严格筛选淘汰的前提下，不到半年时间，依然收了将近40名高价成员。

目前，慧歌的主营业务是帮助品牌创始人、年入百万千万的超级个体拥有私域精细化的落地能力，提高生命状态，促进心力觉醒，打造高价IP。

她身上就有幸福感创业的典型呈现：松弛、自信、无畏、绽放。

我问她，如何在"教营销"这个浮躁的赛道上还能做到如此松弛喜悦，她跟我分享了三个很重要的IP创业心法。

无畏的力量：可以一朝被蛇咬，但不要十年怕井绳

我和慧歌2020年通过视频号相识，那时她刚从内蒙古老家去深圳，从实体

转型进入知识付费赛道，做商业IP。

她只用半年时间，就靠新增的1000好友变现300万，势能极猛，圈子里一下就知道了有个靠朋友圈成交文案和私域发售起势很快的新IP。

后来，她加入我的恒星研习社，成为第一批会员。

慧歌8年时间写了上万条原创朋友圈，据说2000多天没有一天断更过，无数人每天像追连续剧一样追她的朋友圈。

厂长的私域那么多，一开始也不了解她，真的是因为她朋友圈写得极好，生活化很强，还具备极强的成交力，继而开始对她关注起来。

2021年年底，慧歌经人介绍，进入了一个项目去做操盘手。这家公司一直在研究海外的流量模型，已经亏了几百万，她去第一天起，项目就开始了盈利。

她用她的私域发售能力和IP力，帮对方两个月用自有流量变现了2000万。

当时她是流量方，又要做操盘带资进场，甚至还要经常直播，在前端打IP力，给公司输送新用户。

事后听她说，她还要负责战略规划、模式设计、日常交付等，时不时还得去对接海外的交付端，帮他们设计产品，同时还要处理各种疑问。

甚至有段时间，她还身兼CEO的角色，要管理上百号员工……

没想到身兼多职、任劳任怨的她，几个月后却发现对方的交付价值观和她严重不对等，为了用户着想，她停掉了合作。

而她为此付出的代价，是自断一臂，留下了所有的用户和培养出的团队，净身出户，白干了一年没有拿到钱，还真金白银倒贴了百万的成本，为了给到当时那批信任她的人一个交代。

来深圳后的所有积累，也一夜清零。

当时厂长一路围观过来，在几度怀疑慧歌都要"倒了"的情况下，她突然华丽转身，重回江湖做了"孟慧歌"这个IP。

官宣摘掉操盘手标签，立志要做一名商业和生命双成长的"育人"高价IP

老师。

在2023年整个市场环境不好的情况下，慧歌开年第一场发售就用朋友圈+直播的发售模型，做到了实收307万的成绩，仅靠4人小团队，后来一路逆势增长成为千万级高价IP。

慧歌专门为这场发售整理了一个两万字的朋友圈文案合集，你可以去本书第一页大礼包里围观，一定会有很多灵感和惊喜。

厂长认识慧歌的这4年中，先后两次看她如何快速起势破局，逆风翻盘，不禁感慨，这个和我同龄的女孩儿身上那种无所畏惧、永远都能破局重生的力量真强。

我很好奇她为什么每次都能快速调整、逆势成功，后来听她说了一句话，我就懂了。

她说："可以一朝被蛇咬，但不要十年怕井绳，即便创业路上没有遇到对的人，也依旧要相信人性是美好的、善良的。你相信别人的背后，是极度相信自己。"

就是她这种永远保持初心，用正念面对他人，才让她不论做什么，都有那么多追随者。

很多人失败后，就不敢再次迈步向前走。在她身上，我看到了无畏和自信的力量。

也正因如此，我们才有了后面深度合作的机缘。

高级的营销：松弛不喧嚣，玩着玩着就卖爆了

慧歌以前是搞钱专业"玩命户"，和厂长一样，非常卷，她曾经还说过一句猛话，叫："想要活，就要往死里干。卷死别人搞死自己，基本你就不会输。"

但是后来她发现，激发她成功的源动力好像不对，那个"念"，是执念，不

是信念。

她说："这种成功，有成就感，也有疲惫感，还要持续追逐，不是一个创业者真正的归宿。"

在我和她聊"幸福感创业"这件事时，她给了我很大的反馈。她说，后来她发现，创业和赚钱不应该是紧绷的。松弛地创业，会让自己幸福感更强，这样才会给用户带来更多对"幸福感"的向往。

人们买的是一种可能性，你有没有活出你的用户所向往的样子？

她的"慧歌商业私塾"有位学员，叫奶爸嘉林，也是我的恒星研习社成员，福布斯创新企业家。他是细分领域头部博主，全网200万粉丝，公司200人，年入千万打底。我经常看到他朋友圈字里行间对慧歌表示高度认同和尊敬。

后来才知道，不止他，我有好几个研习社高端会员，营收亿级以上的，各个细分的头部，都是慧歌15万私塾的学员，而且好评度极高，大家都很认可她。

我问他们，创业已经如此有结果，为什么面对一个年龄看起来不大的女生，还要认她做老师，跟她学营销和高价IP打造，还这么尊敬？

他们说，慧歌身上正心正念的价值观，他们欣赏、认同；交付授课的玩法千奇百怪，但总能促使他们行动和改变，继而使他们业绩倍增。

与市面上喧嚣的营销打法相比，她的玩法更高级得体，不Low，符合高净值用户的需求。

但最重要的是，她松弛、喜悦的那种状态，是他们想要的。经常看她在直播间玩闹着、吃着东西盘着腿就把钱收了。

动辄一场都是百万起，让他们看到了一种全新的、做高价IP的可能性。

其实，没有任何人喜欢苦哈哈地创业，幸福是很多人终极的追求。如果你能在创富的路上也活成别人想要的样子，松弛幸福，那你就会像慧歌一样，拥有很多高价用户的追随。

高价的 IP：做超越竞争的事，你会越来越稀缺

慧歌私域的单粉变现价值和高净值用户的黏度非常高。她私域基数不算太大，却总能做到一呼万应，铁粉用户极多。

在最近一次我和她合作的发售中，首发4天成交400多万，而她的老用户转介绍成交，就占到了200多万。算上后续长尾成交，总GMV突破610万。

她不做公域，也不怎么社交，竟然不缺流量，用户转化率还极高，关键都是高客单价。

我曾问过她的成交心法，她分享了三点：

第一是筛选，只跟对的人发生对的关系。她的每一个6位数以上的高价用户，都要三四次线上线下面试审核才能录取，只有和她价值观同频且她能帮助到的人她才会收。

在这个赚钱很难的时代，有用户上门送几十万给你，你却拒收？

她却说，不赚一些人的钱，才能赚更多钱。

第二是克制，很多人有了流量之后就会立刻变现，她没有，她坚持让自己一年只做一两次发售，其他时间都在做交付。

安静扎根，默默做事，持续夯实基本功，自己只要出现，每次都震撼地呈现。

江湖上很少能见到她，但又都是她的战绩和传说。

这一点跟厂长的理念不谋而合，你只有不断向下扎根，才能向上持续增长，这是长期主义的典型。

第三是打造超级案例，她很少外出社交，因为要把80％的时间放在用户交付上，做超级案例。她说，从来都不是名师出高徒，而是高徒出名师。

慧歌在全网有非常多的学员和案例，数不胜数，而且用户都很认同她。

有人原来只能卖99元课程却没用户愿意付费，如今客单价到了几万元，却

卖得不错，不仅年入百万，还摆脱了上班的束缚，成为自由幸福的创业者。

有人原来最贵的课程收费2万，但需要吭哧吭哧交付好久，做到年入百万就上不去了。跟她学习一年，高价课程涨到十几万一个人，靠几千私域年入近500万，收入翻了几倍，用户质量也大幅度提高。

这样的案例，多到不胜枚举。

慧歌说，只有做超越竞争的事，才能真正摆脱内卷和价格战。而超越竞争的本质，是回归自己。做别人做不到的、难而正确的事情，形成自己的护城河。

你自己，就是那个最好的产品。

你的状态，就是最好的成交"利器"。

高价IP，不是你卖得更贵，而是你变得更贵。

王姐：从体制内处长到升学一姐，帮助无数家庭改善教育，重获幸福

王姐，可能是我的恒星研习社里，唯一一位从国家单位辞职，投身家庭教育赛道的IP。

在家庭教育这个大赛道里，王姐聚焦升学规划，敢和客户签约对赌"不补课一学期提分50~300分"，累计帮助3000多个孩子拿到升学成果，进入985、211名校、知名中学。

我原本以为王姐是一路顺风顺水过来的，因为我知道，她自己小时候学习成绩就非常不错。直到前阵子帮王姐做发售，我才了解到，做升学规划，她居然是"被逼的"。

从前途无量，到"后继无人"

王姐出身教育世家，从小品学兼优，从中考状元一路披荆斩棘考入北京理工大学，毕业后顺利进入国家部委工作，30岁就成为单位最年轻的处长。

在有孩子之前，王姐这一路可以用"高歌猛进"来形容，似乎没有什么能阻拦她节节高升的步伐。

在王姐还继续沉浸在从小到大一帆风顺的"完美人生"时，孩子文文的学习成绩，却给这位"成绩斐然"的妈妈出了一道大难题。

四年级的时候，文文成绩突然下滑，区排名5000名开外。这个结果，是这位"精英妈妈"怎么也不愿看到的。

为了帮文文提高成绩，王姐开始过起了白天努力工作、晚上灯下陪读的生活，有时候光帮孩子抄题，都到凌晨两三点，周末带着文文辗转朝阳、海淀、丰台三个区补课。然而，母女俩筋疲力尽，却并没有换来期盼中的效果，3个月的努力，仍然不能改变排名5000名的现实。

北京海淀有六所最著名的中学，统称为"海淀六小强"，很多海淀妈妈挤破头都想把孩子送进去。文文自己也很想进入"六小强"读书，因为她很羡慕那里的环境、卓越的老师、优秀的同学。看到自己班上老师对待好学生那种更多的关心和更好的态度，文文也特别想获得这份关注。

王姐和所有精英妈妈们一样，也希望自己的优秀能够"后继有人"。

但现实距离母女俩的这份梦想，似乎太过遥远。

王姐的身体要垮了，家里的钱包也要空了，连老师都觉得送文文来补课就是浪费钱，而"善意劝退"。

那段时间，王姐说自己怎么也想不通，从小自己就是学霸，为什么女儿学习就垫底了？

拼死使用蛮力，不如找对"症结"

"文文逃学了，你快来看看吧……"

正在单位整理材料的王姐，接到了家里阿姨打来的电话，文文死活不上学，就在地上拿个小树枝一直画圈。

王姐迷茫了，更让王姐痛心的是，此时文文也对自己产生了怀疑：

"我这个月都在努力学了，为什么同学都能考高分，我就不行?"

"妈妈，我是不是太笨了……"

从那一天起，文文眼里没有了光。王姐也开始觉得补课、刷题可能不太靠谱。

王姐说，当时她忍着泪，一边安抚文文，一边下定决心，一定要找到一种孩子能轻松升学的方法。

王姐反复分析、拆解、组合了多个国家、省份、城市与地区的升学策略与方法，终于发现了一个振奋人心的"秘密"。

原来，升学是一个"系统工程"：

心理学：帮助孩子解决学习意愿的问题

升学信息：帮孩子解决选择路径、抓住机会的问题

学习方法：帮孩子解决学习稳定性、学习策略的问题

脑科学：帮孩子解决学习状态、学习效率的问题

家庭教育：让孩子有一个好的能量状态，让孩子有勇气面对难题

沟通技术：准确了解孩子的真实状态

每个模块单独拿出来，都只能解决孩子一个"单一维度"的问题，而孩子的提分与升学，其实是一套组合拳。

王姐不再一味地给文文补课，而是根据自己的"研究成果"，更多地从孩子的"内心底层"入手。没想到奋战不到一个学期，文文不仅总成绩从5000多名

提升到20名，奥数还获得了"迎春杯一等奖""华罗庚杯一等奖"，语文、英语更是全面开花，成功拿到了"海淀六小强"的录取通知。

在北京海淀，很多妈妈是在孩子二、三年级的时候，就开始准备小升初的。而王姐带着孩子四年级才入局，大半年就完成了逆袭，这在当时是一个"开挂"的存在。

而如今，文文已经拿到了美国"数学竞赛一等奖"，并得到全球TOP15大学数学系全额奖学金无条件录取的offer。

作为一名母亲，王姐感受到了帮助孩子一路成功逆袭的幸福。

帮助更多精英家庭改善教育，重获幸福

从此以后，很多家长慕名而来，希望向王姐学习到底是如何做到用半年时间，就拿到很多家庭甚至用三四年都无法拿到的结果的。

王姐说，她特别想回绝，因为经常忙到顾不上休息，她想轻轻松松养老算了。

但是，当她看到家长们无助的眼神，就会回想起自己当初为女儿升学四处奔波的无力感。

她见过人大附中非常优秀的孩子竟然抑郁辍学；

她见过北京海淀高二孩子完全丧失学习动力，对考试、做题充满排斥；

她见过很多爸爸妈妈一边流着眼泪，一边说自己的孩子被劝退，不吃饭、不学习，什么都不愿意做，导致亲子关系破裂，家长事业也跟着受影响。

王姐实在不忍心辜负众多家长的期待。

终于在40岁那一年，王姐决定裸辞。她要帮助更多孩子顺利升学，他要把让孩子"既成功又幸福"的方法传递给千千万万个家庭。因为她相信，每一个孩子都可以变优秀。

一路走来，已然8年。在这8年时光里，王姐亲手改变了一个又一个孩子的命运。

原央视主持人、北京小学生的妈妈汤蓓，在找王姐做完升学规划后，孩子从80多分短时间内直接拿到满分。

一家上市公司董事长的孩子，三年级成绩中等，家长经常被老师约谈，根本没想过录取率只有1%的"海淀六小强"。陪跑1年多之后，小学没毕业，就被北京八中"天才选拔计划班"录取。

一名大学老师的孩子，初中班上成绩中等，用了不到3个月的时间，中考逆袭，以总分只扣了3分的成绩，进入知名高中。

……

厂长把这套升学规划的核心内容《成功升学必备锦囊3.0》放在了本书开头的大礼包里，如果你家孩子刚好面临升学，可以去看看，一定会有很多收获。

在这8年里，王姐独创的2~18岁升学规划体系，已经累计帮助3000+个精英家庭的孩子成功升入各类顶级名校，并使10000+个家庭受益。

每次看到自己帮助的孩子升入名校，看到孩子的自信喜悦，看到家庭关系的改善，看到家长再也不用为孩子的学习操心，有更多时间去忙工作、忙事业，王姐心里满满都是幸福感。

王姐说，自己体会过，一个好的学习成绩和升学结果，能给这个家带来多么巨大的改变。而帮助千万家庭给她带来的幸福感，远比女儿一个人逆袭要来得更澎湃。

幸福感当中，可能还有一些自豪感。

裸辞处长，王姐从未后悔，她将继续在这条充满幸福感的创业道路上走下去。

李海峰：好的幸福感创业，就是松弛、笃定、被滋养

李海峰，是我做高客单全案发售业务以来，首个线上发售GMV过千万的IP，当时我们联合发售"海峰贵友联盟"，以联合出畅销书作为落地卖点。

厂长团队和海峰老师团队在产品定位上经历了多轮的设计和打磨，最终把联合出书这个原本的"赠品"推到台前变成"正品"，取得了巨大的成功。

海峰老师是一名创业者，曾担任拟上市公司副总兼董秘，3年时间里，协助公司从4000万注册资本做到50亿总资产，他两个月操盘就帮公司拿了6个亿现金。他现在也担任厦大EMBA开学模块的讲师，商业演讲的市场价格高达每小时10万元。

海峰老师还是知识IP届的常青树。海峰老师加入恒星研习社，跟厂长一起做发售之后，还投资了厂长合作的其他IP，比如笛子、高海波、格掌门、金刚等。厂长觉得只要他投资的这些IP持续火下去，海峰老师也一定能继续常青下去。

海峰老师对外的抬头是DISC+社群联合创始人。即便有前边那么多身份，但他一直说自己最骄傲的，是他亲自认证的5000多名DISC讲师。

我很欣赏海峰老师的财富自由状态，但更让我惊讶的，是海峰老师的幸福状态。他有一对龙凤胎，他常说："老天对他足够好，做任何的贡献都是应该的。"一个懂得感恩的人是幸福的。他没有全职员工，没有代理商，没有分销，不用返利，就可以建立5000多人的DISC+社群。

很多人接触到海峰老师的第一反应是：原来还能这么玩。下面我把海峰老

师的幸福感创业核心玩法直接拆解到最底层。

玩法 1：没有创始人，只有联合创始人；没有学员，只有学长学姐

海峰老师说，他做社群的第一天就让"一号"不存在——群龙无首，天下大吉。

这一点，最近在董宇辉采访张瑞敏的访谈中也有提到。海峰老师在意的，不是领导一个社群，而是共建一个生态。群龙无首，所以腾出空间，人人为首。

光有理念还不够，要落到实处，首要就是从内部成员的互相称呼开始。明明大家都是DISC授权讲师班的学员，但如果你仔细观察相关海报，就会发现所有宣传物料上，都看不到任何学员的概念。我被海峰老师亲自拖入社群的时候，群名叫"李海峰和他的同学们"，学员互相的称呼，也都是"学长学姐"。不只晚毕业的管早毕业的叫学长学姐，早毕业的管晚毕业的也叫学长学姐。

在DISC的生态里，每个人都是海峰的同学，所以很多比海峰老师更优秀的人也都愿意加入。学长学姐也不是先后顺序的界定，而是一种彼此愿意向对方学习的态度。在这里，每个人都不用端着，每个人都是学习者，都有松弛感。

除此之外，海峰老师还特意把DISC社群运营的10大干货锦囊放在了本书开篇的彩页里，如果你想了解他具体是怎么运营的，可以去看看。

这种由松弛感带来的幸福感，最底层是海峰老师做生态的格局和态度。

玩法 2：没有助教，亲自服务每个学员；没有员工，大家来加分

厂长帮海峰老师操盘发售的时候，发现他居然是亲自服务5000多个学长学姐的。做过IP的人都知道，5000多人可以随时跟你互动，而你都要回复，这意味着巨大的精力消耗。

去年厂长团队帮海峰老师写的十年体销售信，一封营销性质的长信，居然能在4天时间里，得到600多条走心的、小作文级别的留言。我常说"发售是零存整取的艺术"，很明显，海峰老师平常"存款"不少。

但厂长一直有个疑问，就算海峰老师再投入，一个人的时间精力也总是有限的，他怎么可能同时应对这么多人？后来我近距离接触到他的玩法，觉得非常高级。

有学长学姐问他问题，他就会让学长学姐带着红包把问题发到群里，然后领到红包的人就会回复问题。往往一个问题，会有好多个侧面的回答。而海峰老师会在没有人回复的时候亲自做解答。

海峰老师之所以能做到这一点，是因为他有两个关键认知。

一个认知是，他认为他的学长学姐都是优秀的。另一个认知是，他自己常说："好答案来自好多答案。"

在这里，每个人都躬身入局，每个人都踏实精进，都非常笃定。

这种由笃定感带来的幸福感，最底层是海峰老师对每个个体的尊重和调动。

玩法3：没有要求，只有邀请；关注一辈子交情，而非一下子交易

在我和海峰老师一起出席的各种活动中，我发现他回答问题的思路和别人不太一样。

比如有人问，怎么才能让别人免费帮自己做转介绍？一般人可能会给出几个方法，举出几个例子，但海峰老师的回答是："我永远不要求别人推荐我，我只是创造机会让别人推荐他自己，同时不介意带上我。"

由此看来，海峰老师绝对是经营关系的高手，他特别在乎"朋友"和"贵人"，所以我帮他发售的产品就叫"贵友联盟"。海峰老师的《友者生存》四本

书，我读了好多遍，我觉得这四本书的副标题刚好就是经营关系的心法。

第一本：善用贵人杠杆；

第二本：世界和我爱着你；

第三本：每个内在都闪闪发光；

第四本：为全世界加分。

海峰老师在和我们团队开会的时候，也特别提到过：不在于招了多少人，而在于成就了多少人。创业的结果数字是一下子，高质量的关系是一辈子。

幸福感，源于周围全是滋养你的关系。

这种由关系滋养带来的幸福感，最底层是海峰老师为世界加分的态度和能力。

海峰老师幸福感创业的核心，总结下来就是：松弛、笃定、被滋养。

小雅：从负债 60 万离异带娃，到年营收千万级外贸一姐，创业 10 年，终于找到了创业幸福感

小雅（原名苏亚辉），我的恒星研习社成员，一位草根出身，屡败屡战，凭借超强学习力、执行力，逆风翻盘的女性创业者。

小雅是外贸线上获客的实战派专家，从事外贸行业10年，做过6年阿里外贸讲师。2020年转型抖音自媒体创业，帮助1000+外贸企业海外线上获客，孵化了13个TOP10行业标杆国际站、56家行业优秀店铺，她自己也实现了8位数营收。

和小雅认识是在2023年12月陈晶的线下课饭局上，印象中的她，眼神里有非常笃定的自信和野心。那时，她的直播间还只有百人在线，仅仅过去两个月，她就把在线人数突破到了3000人，被陈晶推荐过来做发售。

我震惊于小雅的超强学习力和执行力，深入了解她的故事后才发现，若没有这两项"傍身技能"，她又怎能在数次绝境中亲手将自己从泥潭中拔起，最终赢回人生幸福感呢？

白手起家创业当老板，负债、离婚、散伙，一夜跌落谷底

很难想象，如今的外贸一姐、多个家具上市公司背后的军师，是一个只有高中英语水平，出生于大山的草根女孩。

她付出了常人难以想象的努力，才一步一步凭实力攀爬上来。

小雅出生于山西农村，同龄人中，最好的归宿就是读完高中或大专嫁人。她自己却从山西远嫁800公里到河北廊坊。而这个全国的家具之都，也为她的第二次创业埋下了伏笔。

2014年，小雅已是一个两岁孩子的宝妈，全职带孩子。她发现，以她的学历，根本找不到一份可以双休、日常能接送孩子的工作。

创业的心蠢蠢欲动。

当时，她发现了一款非常畅销的玩具产品，前老板愿意支持她，给她投了17万，她的草莽创业路，就这样开始了。

为了节省成本，创业第一年，她包圆了店铺所有的活儿，凭借超强学习力和执行力，第一年国内店铺就步入了正轨。

第二年她发现跨境电商的平台销量很好，于是又自学了速卖通、亚马逊，外语不好，就直接用翻译软件。

创业第三年，她接触了阿里国际站做外贸，数据又轻松做到了行业前10。

顺风顺水的时候，她觉得自己无所不能，一定能给家人更好的生活，这期间还抽空生了老二，经常一边哄大娃，抱小娃，一边跟财务对账，教客服卖货。

人如果太顺，就容易放松警惕，一下子踩进坑里，小雅也未能幸免。她借

钱买期房却遭遇暴雷，不仅房子没了着落，还背负了20万贷款。屋漏偏逢连夜雨，她的投资人不知道为什么，也在这个时候撤了资。

就像原本行驶在正轨上的火车一下跌入悬崖，她的公司被迫关停，负债也滚到了50万。丈夫为了撇清债务关系，也和她提出了离婚。

从风风火火，到负债离异单亲妈妈，跌入黑洞期的她一度怀疑自己，怀疑身边的一切。

二次创业第三年百万利润，却在陀螺般的忙碌中失去幸福感

为了还债，公司关停后，小雅只好重返职场。

原本，她可能会继续"打工还债"，但家庭的又一次变故让她不得不马不停蹄二次创业。

她的爸爸生病了，需要一笔她当时拿不出来的医疗费。

许多人在接连挫败后，深埋在痛苦、自责和害怕里。但小雅却是拒绝内耗的典型，她把所有精力放在了失败过后的"再来一遍"。

她说，很庆幸在输得起的年纪经历了失败和教训，失败是人生常态，只要不下牌桌，就永远都有机会。

2017年，小雅敏锐察觉到，河北廊坊当地800家家具工厂都有出海需求，但苦于没有成熟的海外线上获客经验。

于是，小雅基于自己3年外贸实战、1年外贸体系化学习的经验，找来了出资合伙人，背靠阿里，做平台服务商，专注提供家具/家居/建材企业的出海线上陪跑、代运营服务。

要做阿里第三方服务商，公司必须满20人。为了养活这20人团队，小雅拿出了"拼命三娘"的劲儿，每天冲在一线，和合伙人不停上门见客户。最累的时候，一天要在线下陪跑5个客户，给毫无外贸经验的老板讲课、培训，服务到

100%满意为止。

不到3年时间，阿里国际站家具类目前三页100家企业中，有80家都是她的公司参与运营和陪跑的。3年下来，她每周要开3场免费线下课，累计开了1000场，终于在第三年，净利润达到了百万。

陀螺般转了3年后，她发现自己活成了"夹心饼干"，上对平台，下对客户，两边都要做到完美，一个差评，就会失去所有的业务。

似乎自己完成了"东山再起"，但没有筛选客户的自由，没有缩减团队规模的自由，甚至兜兜转转六年，她依然没有陪伴孩子的时间自由，这些，都让她感觉这份事业越来越没有吸引力，越来越不幸福。

而催促她必须转型的，是她每天重复讲自己知道的东西，没有时间去学习新的认知，让她看不到未来的希望。

2020年，她发现在抖音发展有巨大潜力，她想要站到台前做IP、做超级个体，通过自媒体获客，不再依附于平台派单。但合伙人却不想放弃现成的百万利润业务。

第二次创业，她亲自踩下刹车，赔了几十万分家，打算自己从头开始。

从零开始创业，成为细分赛道头部IP，帮助更多外贸企业幸福感创业

挣脱了平台的束缚之后，小雅又成了那个"疯狂学习"的海绵，她到处找老师学习怎么拍短视频，怎么做直播，也疯狂地实践。连续3年，每天拍十几条短视频，开了5个直播账号，她一直深耕"外贸企业线上出海获客"这个细分赛道，教没有经验的外贸小白通过外贸出海，实现营收倍增。

3年来，她累计服务了1000+家外贸企业，其中有两家还是出口市值10亿的上市公司，累计做了13个TOP 10的外贸国际站行业标杆，56个行业优秀店铺。

很多店铺都在她的陪跑下斩获了亮眼的成绩：一家家具新店铺，3个月成交500万；一个建材类产品，单平台年营收250万美元；一家工业品公司，单平台年销售额5000万，单店铺商机每个月达到8000个询盘……

她也成了很多学员口中的"外贸一姐"，真正成为一名超级个体，10人小而美创业团队，自己做创始人IP。拥有了流量自由后，她看到了更多更好的产品、更优质的商家，她有了筛选客户的自由，陪跑的客单价也从以前的3万拉高到现在的5万~10万。

梦寐以求的幸福感创业生活，终于在创业10年后实现。

最重要的是，小雅还拥有了学习自由。她说，赚钱的目的是花钱去学习，去看更大的世界、更远的风景。

未来，小雅希望可以帮助1万家企业外贸出海，她把自己10年外贸的创业笔记整理成了近5万字的电子书。这份资料，厂长放在了本书开头的大礼包里，期待你也能像小雅一样，不出国门，产品卖爆海外。

金雨麒：一个引流品，引爆百万千万业绩

金雨麒（又名金百万），可能是我的恒星研习社里，最懂得如何用一本书帮IP成倍放大流量的人了。

金雨麒是《序列发售》的作者、畅销书裂变操盘手、企业私域营销顾问，非常擅长用一本书裂变4000+流量，影响千余人共读，成交百万业绩。

熊客大熊畅销书《IP创富场》、李菁畅销书《让热爱的一切梦想成真》、刘Sir畅销书《定位高手》、弘丹畅销书《AI写作宝典》、卢菲菲畅销书《高效学

习记忆法》、创客匠人蒋总新书《做长期正确的事》等畅销书背后的操盘手，都是她。

我和雨麒相识的时间很早，2020年，在一场互联网交互大会上，我们就有了第一次接触，当时她给我的感觉是一个眼睛清亮的姑娘。后来，在命运齿轮的安排下，她加入了我的恒星IP联盟，还成了我的裂变增长顾问。

在深度链接中，短短几年，我看到了她的飞速成长，也看到了她的幸福创业密码。

用生命影响生命，成就他人

认识雨麒后，我把她推荐给了刘Sir，做刘Sir新书《定位高手》的发售操盘，最终成绩让人惊喜不已。

在这次操盘中，她带领学员实战营，在没有启动私戳的情况下，短短一周就裂变了1000人，通过书转高客单，在后续的5个月里，陆续成就了500万业绩。

她操盘的李菁老师新书《让热爱的一切梦想成真》发售，短时间内裂变了1700人，引爆畅销书近万销量，进一步成交2.98万元的后端高客单私教产品，拿到了中国纺织出版社"私域营销顾问"的聘书。

我把雨麒"如何用一本书创收百万业绩"的核心打法和文案放在了本书开头的彩页里，你可以去围观。

我自己的2024年恒星研习社年度发售，也聘请了雨麒作为增长顾问，和我的操盘手格掌门一起，通过300人裂变到27000人，活动爆火，取得了653万的线上发售战绩。

雨麒在业内有着"托塔天王"的绰号，因为她特别擅长托举和成就。而她锁定畅销书裂变操盘手这个本质上是"增长"的定位，也是源于她内心深处想要为他人做出成就。

雨麒说，她的使命从来不是挣多少钱，也不是去抢别人的生意，而是想要成就他人的梦想，让更多好的产品被更多人看见，让IP、学员、每个人的生命状态变得更好。

所以身边的人总能看见她的成全。

她说，她想要用生命去影响生命，去赋能更多创业者去满足一个小小的社会需求，去放大一个个梦想。

幸福创业一定不是舍弃，而是成就。

幸福创业的发心，让自己和家人有能力拥抱美好

在雨麒的幸福创业字典里，除了成就更多的创业者，还有一个更为重要的目标，就是成就自己的家人。

因为雨麒是创业者，同时也是一个妈妈、一个妻子、一个女儿。

翻看雨麒的朋友圈你就会发现，她的朋友圈是充满烟火气息的。除去干货、案例、反馈，穿插在字里行间的，还有她对家人和女儿从未缺席的陪伴。

在操盘发售忙到飞起的日常，她仍旧可以游刃有余地给女儿做一份午餐。

外出开闭门会、学习，她甚至会带上婆婆和女儿一起出发。

一年时间里，他们祖孙三代走过了七个城市……

在雨麒的世界里，创业和生活一直都是一体的。她创业路上最底层的动力和内核，就是让自己和家人过上想要的生活。而能够被亲近的人认可、激励和赞许，进一步为她添加了更多的愿力。

用她的话说："最有成就感的事情不是百万千万业绩，不是能带着团队拿结果，而是能游刃有余地陪伴家人，时间和钱我都要，时间和钱我也都能给。"

很多人做超级个体、做IP，都觉得核心比拼的是品牌、是产品，其实不管是品牌还是产品，背后的根源都是"人"。只有自己的发心和能量足够强，才能

吸引他人靠近。

她带着拼尽全力的松弛感，让生活和事业达到了一种舒适的平衡，从而能坦然自足地奔向幸福和自由。

杨坤龙：破产家庭的中专生，逆袭改命，找到幸福松弛的创业人生

杨坤龙，江湖人称"90后新媒体老司机"，他的"媒老板获客学堂"累计服务25万+名学员、3500+家企业，同时也是郑州大学新媒体系客座教授。

坤龙，也是我的恒星研习社的首批成员。

我第一次发售恒星研习社，他跑过来直接付费，我问他有什么需要解决的问题，他却说自己是来报恩的。

我有点蒙，似乎不记得自己什么时候帮助过他。仔细一聊，才知道背后的渊源，而我也了解到了坤龙的创业故事。

大约在2015年的时候，我当时运营"轻课"，开始疯狂在微信公众号上做裂变，短时间内积累了1000万粉丝。因为极高的增粉效率，以及极低的获客成本，这种裂变活动风靡一时，很多人争相入场。

而他们中间有一位中专生，原本月薪只有6500元，却凭借超强的专注力、行动力和执行力，一比一复制厂长当时的模式打法，仅一年时间就组织了1000场微课裂变活动，自己也获得了1000万公众号粉丝，一跃成为"微信500强"公众号的操盘手。

这个中专生，就是坤龙。

家庭破产，满是绝望

坤龙出生在广东清远的一个小乡村里，不过他的出身并不算贫寒，相反，家里有一块地，也有一些家底。

父亲当时看好一个小型工业园项目，把家里所有的积蓄全部拿了出来，还借了100多万外债，全部投资到了这个项目里。

就在厂房一天天建成，仿佛已经看到幸福曙光的时候，2008年，因为手续不全，他们的工业园突然成了"违建"，直接被强制拆除。爸爸一夜白头，妈妈几近抑郁。

从此，还在上中专的坤龙，每个学期的学费都要自己打工挣。为此，他扮过人偶、摆过地摊、打过零工、进过工厂、卖过手机……

2012年，他从中专毕业，一直到2014年，坤龙的生活都非常艰难。穷得吃不起饭，信用卡严重透支，交不起房租，甚至工作一整天，拖着疲惫的身躯回到家，却发现房东给房门换了锁。

他拖着身体，徒步40分钟来到珠江边，望着这座城市的万家灯火，内心深处充满了"没有一盏是为我点亮"的绝望。

举目无亲，毫无方向。

抓住机会，逆袭改命，却并不幸福

就在最低谷的这段时间，有一天，坤龙无意中刷到了一位互联网运营大牛的文章，这成为他职业生涯的起点。这篇文章让他第一次了解到，还有一个新兴的职业叫新媒体运营，关键是，做新媒体运营一个月居然可以赚8000块钱。

他立刻找了一家新媒体公司，做公众号运营，掌管一个60多万粉丝的账号。

当时，公司一共三个人：两个老板，以及一个坤龙。

坤龙面对这个可能是唯一一次"改命"的机会，白天拼命工作，晚上熬夜学习，死磕到底，一个人硬是干了全部的活儿。

坤龙说，黄老师是他的一个贵人，而另一个贵人，就是厂长。

2015年，坤龙"照抄"我的微课裂变打法，就有了本文开头的那一幕。

2018年，已经在新媒体运营领域积累了丰富经验的坤龙，正式创办了"媒老板"品牌，通过商业培训，帮助更多商家进行线上营销获客。

一路高歌猛进，势如破竹，仅2019年一年，他们的线上课就服务了近10万名学员，线下课更是好评如潮。而坤龙也迎来了自己人生的高光时刻，被郑州大学正式聘任为客座教授。

就这样，公司业务越做越大，内部一度分化出十几条业务线，有针对小白的新媒体线上社群，有针对流量操盘手的培训班，有针对企业家的总裁班、方案班，甚至还有后端的企业陪跑服务……从小C到大C，从小B到大B，全面覆盖。但坤龙却一点也不幸福。

高峰时期，公司大几十人，全国各地到处开课，看似场面火爆，但在多条业务线上堆砌了这么多员工，实际上人效很低，再加上业务一年里难免有些波动，一年下来，不仅赚不到钱，自己的每一天还要在无比紧绷的状态下度过，一天也不敢停下来。

他说，老板就是兜底官，天天救火，一天到晚瞎忙。

壮士断腕，收获松弛人生

2022年5月，坤龙终于熬不住了。他壮士断腕，大刀阔斧地进行了大规模裁员和业务线调整。十多条业务线里，不必要的全部砍掉。

每一位被裁掉的员工，坤龙不仅把赔偿给到位，还亲自给他们写了推荐信。

两位合伙人的近100万投资款，他也借钱如数归还。这样的担当，不禁让我想起我曾经付出的8000万"分手费"。

最后，团队只留下10个人，成为名副其实的小而美团队。而整个团队花100%的精力只做好一件事：面向知识IP，提供视频号直播和获客培训。

前端通过"个人IP+视频传单+矩阵分发+全网霸屏"的全域获客模式卖1块钱的引流课，后端用两个尖刀产品来完成用户承接和转化。

线上298元的《视频号口播挑战营》针对素人，教他们如何从0到1起号，迈出第一步，完成从小白到博主的蜕变。

线下9999元高客单价的《视频号IP获客线下大课》针对已经完成从0到1的IP，现场打磨定位、拆解对标、分析选题、优化文案，甚至还提供30条视频。让学员带着问题来，带着方案走，甚至带着视频走。

靠着这套打法，坤龙的私域积累到了惊人的20万量级。

坤龙还把这套打法整理成了《视频号变现手册》，你可以在本书第一页大礼包里找到。

现在的坤龙，线上课每个月轻松卖出1000~2000单，每天都有稳定的收入进账。线下课一个月只开一场，每次3天，却可以把交付做到极致，也把口碑做到极致，平均一个学员能转介绍20~30人。

而坤龙也完全实现了时间自由和松弛人生。他说，现在自己只需要做三件事：直播、上课、拍摄，其他时间完全自由。

创业前10年忙忙碌碌，甚至没有一个交心的朋友，只有合作伙伴和员工。现在，他不仅有充足的时间陪伴家人，还可以去企业做分享，和朋友长谈，去碰撞思想，去感受生活。

"有钱，有爱，有时间。"

Ada 爱达：从双减破产到年入千万，名校升学高客单超级个体之路

Ada爱达，是厂长恒星研习社成员，她应该是我研习社里，把一手烂牌打成王炸组合，最励志的女性创业者了。

爱达本名朱晓梅，上海爱达未来教育的创始人，同济大学硕士，中国社科院博士，复旦大学繁星计划就业与发展指导师，也是中国首批升学规划指导师。她在近20年的时间里，专注于小学和初中的英语培训、上海本地名校升学，帮助过几千名学员顺利升入名校。

爱达现在的公司，1年主要服务30个高客单家庭，4人小团队实现年入千万，是高客单超级个体的典范。

人生第一手烂牌：寒门家庭，重男轻女

我和爱达认识，源自她写的一篇，讲述自己逆袭之路的文章——《蜕变：从差点辍学的农村女孩，到成为影响千万家庭的升学专家》。

我开始以为，"辍学"也太夸张了，只是一个噱头吧。

后来我深入了解才知道，出身贫寒的她，自打记事开始，母亲就一直体弱多病，家里还有个"重点培养"的弟弟。爱达初中毕业时，是真的差点辍学，靠着跟家里人绝食抗议一周，并承诺上大学开始勤工俭学，最终才勉强换来继续读书的机会。

只有真正出身于寒门的人，才能体会，在这样的处境中逆袭有多不容易。

所以，爱达非常珍惜这来之不易的机会，一路半工半读，拿到博士学位，成为新东方英语名师，甚至做到了上市教育公司教学总监的岗位。

30岁的爱达，用立志和勤学，将出身贫寒的一手烂牌打成了王炸。

本以为雨过天晴，无奈老天又给她准备了第二手烂牌：事业。

人生第二手烂牌：行业变动，事业受阻

2019年，通过十几年努力，爱达成为上海一家英语名师工作室的老板，与各种B端入校、上市教育机构的合作，也都在稳步推进。

就在即将迎来曙光之时，2019年底，教育行业发生了众所周知的大变革，整个行业重新洗牌，爱达的公司也直接面临破产，全职员工全部裁员，生源只剩下三分之一。

迷茫中，爱达加入了我的恒星研习社，并找到我做一对一咨询，希望通过转型，实现人生的新破局。

在沟通过程中，我了解到爱达有一个女儿，当时正处在小升初阶段，而爱达正在为她的升学问题，遍访本地专家。爱达在上海当地，有着非常丰富的学校资源、机构资源和老师资源，所以"遍访专家"这件在别人眼里困难重重的事情，在她这里才能得以轻松实现。

同时，爱达也发现了巨大的市场痛点：上海高端家长们对名校升学的渴望。而当时市场上，能够帮助上海高端家长，同时做小学、初中升学规划的机构几乎没有。

于是，我建议爱达的业务，做重大转型，从依赖渠道的B端线下培训，转型到C端，为上海本地的高端家长和孩子们，提供专业的小学、初中名校升学规划一站式服务。

爱达接受了我的建议，开始了她的转型之路。

事业转型：从 B 端到 C 端，高客单超级个体转型之路

想好了就去做，爱达执行力很强。

她开始在合作校区，卖999元每小时的升学规划咨询，一下子火遍了校园，连续两周的周末，都有家长排队抢着报名。

同时，爱达也将市面上所有和升学有关的课程和证书全部学了一遍。其中就有我操盘发售的IP王姐，爱达成为王姐当时第一批升学规划师课程的培训学员。

就这样，爱达不断整合各家所长，产品体系5年迭代了5次，以线下小型高端家长私坊营为主打，专注幼升小、小升初和初升高这三个阶段的孩子，提供3999元一对一升学咨询服务和升学陪跑定制服务。

针对体制内升学，提供20万一年规划陪跑服务，针对体制外升学提供50万~100万的国际学校保录（如领科、WLSA等）。

她整合了近20年在上海的教育圈资源，团队吸纳了3个上海本地资深合伙人，独创一套三段九步升学规划法，为孩子们量身定制升学规划方案，帮助家长们解决升学难题。

爱达的女儿正是通过这套规划方案，小学五年级英语就达到小托福890分，超过大学英语四级水平，数学、语文年级第一，顺利升入上海名校初中。

广泛学习，深度整合，开发出自己的升学理论：名校升学三段九步法

她把升学规划分为三个阶段。第一阶段是定制方案，给家长评估现状，诊

断差距，并设计出具有针对性的方案；第二阶段是陪跑落地，包括目标分解，计划制定，并实现提分获奖；第三阶段是跟踪监督，持续为家长做阶段调整，能量补给，托底方案。

靠着这套不断迭代和打磨的核心秘籍，爱达收获了许多成功案例。

四年级的江同学，通过陪跑顺利考入三公学校之一（上海最顶尖的三所公办学校）；

五年级的李同学，通过陪跑顺利考入华二（教育部直属重点高级中学）；

八年级张同学，通过陪跑顺利考入上中（上海高中"四校"之首）；

九年级苏同学，通过陪跑顺利考入南模（上海高中八大名校之一）……

篇幅原因，就不一一列举。

如果你是家长，或者你在做家庭教育，对爱达的升学秘籍感兴趣，她独创的《名校升学三段九步法》6000字文档，就在本书最开始彩页的大礼包中。

如今，爱达实现了时间自由、财务自由，一手赚钱，一手带娃，步入幸福感创业的人生新阶段，进可攻，退可守。既帮助自己孩子完成升学，也帮助非常多的家庭少走弯路。爱达真正实现了助己达人，过上了她梦寐以求的、幸福感创业的理想生活。

我问她后续有什么打算，她说自己是做规划的，后续也会用"规划"的视角，来安排自己的生涯：

40到50岁，继续做小而美模式，多陪伴孩子。

50岁左右，她想去牛津、剑桥、哈佛申请博士后，一边跨国给学生做升学咨询，整合更优质资源，一边陪读。

60岁左右，孩子都已经大学毕业，她想带只狗环游世界，每到一站访谈一位她曾经的学生，有机会的话，她还想去年轻时候待过的美国罗切斯特大学，看看松鼠，喝杯当地的冰酒。

70岁左右，希望还能继续给学生的儿孙一辈，提供一些升学方面的咨询和帮助。

听到她的描述，我仿佛看到了一位戴着金丝眼镜的白发爱达，虽上了年纪，但思维仍旧敏捷，能持续帮助更多的孩子和家庭，想想都很幸福。

刘 Sir：20 年行业老炮的幸福感创业启示录

初识刘Sir，厂长就被他在出版行业取得的成绩所震撼：为3000+行业专家定位出书做课赋能，销量数千万册。

当然，每当我和别人提及他，心中涌现最多的词汇则是"初恋"。2022年12月，当时疫情管控刚刚放开，我跟刘Sir都"中招新冠"。我们顶着口罩下的"纯阳之躯"，克服重重困难，完成了我的第一次高客单发售操盘。承载着我们赋能出版行业梦想的"书香学舍"也不负众望，第一周就有300多人加入。这之后，更是有越来越多的头部IP、老师主动靠近，请刘Sir为他们打造个人代表作。

2023年，刘Sir为厂长策划的新书《请停止无效社交》，上线2天就团购2万+，连续7天霸榜"当当新书总榜 NO.1"，让我也享受了一次做畅销书作者的幸福。未来，会有更多刘Sir为恒星联盟IP操盘的新书上线。

26 岁成为头部出版公司最年轻高管，36 岁创业却经历最深一劫

在关于如何出好一本书上，刘Sir的独到见解给了我很大启发，我了解到他很多的传奇经历。

刘Sir，原名刘杰辉。很多人不知道，这位今日的出版天才，却在高中辍

学，16岁生日去工地上当民工。之后重返校园，只用了两年就修完了初高中6年知识，考上湖南师范大学的编辑出版专业，从此在出版行业一路曲线向上。26岁成为磨铁图书最年轻高管，开创"黑天鹅图书"，带团队打造《自控力》《拆掉思维里的墙》等超级百万爆款图书，为李开复、乐嘉、余秋雨、于丹、冯唐、罗振宇等知名作家出版过作品。

30岁之前，在两家排名前十的内容出版公司操盘过，从运营副总裁到执行副总裁，再到首席战略官，刘Sir是出版行业当之无愧的风云人物。所以在2016年，带着"人活一世，不该给自己留下遗憾"的豪情，他成立的"合生载物"，不到半年就估值过亿，员工一度扩张到一两百人。

聊起这段经历，刘Sir却表示毫无幸福可言。他说因为当时太顺了，就开始急躁和贪多求大，甚至为了面子，为了估值开展新业务。殊不知，在这种赌上未来的心态趋势下，出版、知识付费、短视频的很多机会，他都没有把握住。

尤其是2020年疫情到来，产品不能发货，遭遇现金流危机。2021年，教培赛道面临政策压力，他的团队直接从几百人跌到只剩4个人。刘Sir花光了投资人给他投的所有的钱，甚至想过卖掉北京的房子，结束创业之旅。

在和刘Sir复盘这段过程中，我们聊到，早期作为职业经理人如此成功，是因为他头顶有一柄达摩克利斯之剑，这让他时刻洞察趋势，让他抓住"打造商业类大众畅销作品"的机遇，带领濒临拆分的磨铁第二编辑中心，做到了全公司的业绩NO.1。但他成为企业除两个老板外的1号位之后，头顶的达摩克利斯之剑消失，到了一切由自己说了算的时候，反而开始看不清趋势，没有找准自己的定位，负债千万。

真正的幸福感创业是一场心智的持续成长与突破。因此，提升心智，看清趋势是我们拥有幸福事业和人生的必要条件。

活在当下，顺势而为，开启真正的幸福感创业时代

"我想要像打造艺术品一样打造我的公司，不像过去是为了去创业而创业。"

在刘Sir身上，我看到了传统出版人的初心和坚守，于是和他共同发起了"书香学舍"——一个超级个体的写书、出书、推书的核心圈层，让小白作者出畅销书成为可能。

随着"书香学舍"的不断壮大，我看到刘Sir正用一种全盛姿态，为内容行业带来颠覆和创新：4天时间不仅能聊出一本代表作，一个课，拍出一两百多条短视频素材，更是一次找准定位，能通过用书做发售来做更精准的营销，最大化地帮老师们赋能。刘Sir与休斯合作的《爆款内容方法论》、刘威老师合作的《自主学习力》、璐璐的《活在你的优势上》、阳子老师的《孩子笑了就对了》都成了IP们的代表作，而刘Sir的新书《定位高手》在私域发售2周就销量破10000+。他还结合直播连麦、低转高发售、社群裂变以及新书实战营等方式，不断地迭代SOP流程以及方法论。

于是，你会看到在很多出版编辑围着客户转，却依旧签不到优质老师和IP时，他成了头部IP老师们以及企业家、创始人眼中的香饽饽。很多的客户都是主动找他，他再做筛选。

影响有影响力的人，成就想要成就他人的人

为什么刘Sir能够在进入内容行业的第21个年头，把公司越做越轻松，业务越做越好？我重点分享从刘Sir身上总结的3条感悟。

第一条：听从内心的声音，想不想要比适不适合更重要。

如果把创业比作种一棵树，那么价值观是根，商业模式则是干。创业者做

一家公司，一定要持续思考如何用新的方式解决一个社会问题，否则就容易陷入为创业而创业的陷阱。

真正有幸福感的创业，一定是源自创始人内心深处最真实的声音，创始人应该享受创业的过程，像打游戏一样，对打怪升级充满兴奋感。反之，痛苦的创业就好比背着500斤的负重想去百米冲刺。

走出低谷后，刘Sir说："我这辈子最大的职业理想就是去见有趣的人，聊有意思的天，然后去做一件有价值的事。"这成了他做公司最重要的原则，也是共创业务的由来。跟老师聊稿子拍视频，刘Sir自然乐在其中，因为与相互认同的人在一起更有幸福感。

第二条：守住定位有时候比找准地位更重要。

阻碍一个人走向更大成功的三剂毒药，恰恰是我们所追求的更大的规模，更多的资源，赚更多的钱。

当你靠自己的核心能力赚到钱的时候，你会忘了这原来是一种幸运，你会不自觉地跳出自己的核心能力圈，去做一些你不擅长的事，往往不擅长才是将你拉入万丈深渊的罪魁祸首。

刘Sir特别喜欢"道法自然"这个词。什么是"道"？"道"就是你心中想要去往的那条大道。"法"拆开来说就是三点水，加一个"去"字，自然而然像水一样去往你想去的地方。如果一件事情做起来很为难，要么是不到时候，要么是不适合你去做。

一个人如果做十个决策，六个是对的，四个是错的，不如做三个决策，三件事情都是对的。因为守住自己的核心能力圈才是最重要的事，当你尊重事物的底层规律，战略上不背离自己的初心，战术上即使错过两小步，从长期来看并不会影响你走得更远。这就是他在《定位高手》这本书里讲到的"少即是多，慢就是快，后发先至"。

第三条，合作共生，厚德载物，与价值观一致的人为伍。

刘Sir常跟我说，过去的创业，他在"人"上吃过太多的亏。所以他现在特别坚持与价值观一致的人为伍，与价值观有一定差异的人保持一定的距离，远离与价值观相反的人。

所以刘Sir给老师们做定位时，经常会讲到一个"三问自己原则"。

1.最重要的一件事情是什么？

2.最能首先解决的问题是什么？

3.最核心的一个能力是什么？

你想做的一件事情背后藏着你的愿景，你能够解决的一个问题背后对应着你的使命，而你如何驾驭你的核心能力，则是你价值观的真正体现。

有幸福感的创业一定是遵从自己的内心，心之所向，自然生长，不慌不忙，不急不躁，探索更好版本的自己。为了将幸福感带给更多人，刘Sir参与了我和雨麒在做的一个圈子产品，一个用一本书去做好发售，去把后端高客单变现价值最大化的圈子。刘Sir把自己做精准定位、打造代表作的核心干货心得，整理成《出书避坑指南》与《定位规划模板》，你可以在本书第一页的大礼包中找到。

Bittle 白先生：AI 拼才会赢，让 AI 成为你幸福感创业的合伙人

Bittle白先生，是《GPT调教心流法》创始人，AIIP思链空间主理人，无忧传媒新媒体学苑AI导师，美业头部"蓝蒂蔻"、迪森股份、"天与空"广告等上

市公司都点名要白先生为员工赋能培训。

我和白先生结缘，也算是棋逢对手。2023年我发售"AI老板圈"社群，邀请了几十位AI讲师来参与直播分享，白先生讲解的《GPT调教心流法》尤为实操落地，他对技术的深入浅出的表达，让每个学员对AI真正产生共鸣，反响也是众多讲师当中最好的。而当我做了AI"提示词高手华山论剑"后，我则完全看到了他沉稳低调之外的强悍一面，他连续两次在众多高手中断层领先，斩获第一名。

作为一名连续创业者，我看到了白先生在AI领域的天赋，意识到他的能力是创业者所迫切需求的，于是我们一起发售了超300人的AI自媒体线下大课和AIIP思链空间高端社群，取得了200万的发售成绩。

此前的白先生裸辞创业失败十多次，最艰难的时候重度负债，事业无成，女友离开。按理说不是幸福创业，但在他身上，我却能强烈感受到幸福的另一层定义，就是他坚定不移的信念感，让他在创业中找到一个新时代的幸福。我想也只有当你认真读过他的故事，才能真正理解找到确定性、获得幸福感需要什么样的信念。

31 岁创业即破产，人生十字路口如何抉择

如果用一个词总结白先生的前十年，我想一定是"内容营销大师"。大到2个亿的地产开盘项目，小到几百万的营销活动，白先生都深度参与。

最高光的一次，他在爱奇艺，用1个创意拿下了450万的单子，缔造了2亿的流量，成为关键先生。他也曾改了8页创意，就卖出一个500万的项目。正是这种"只要你敢想，就没有什么不可能"的心态，促使他创造了一个又一个经典案例。

"这个时候不创业，你准备什么时候开始？"在31岁那年，白先生感受到命

运的召唤，决定离开融资1000万的营销公司，放弃联合创始人身份，抛开一切顾虑投身于创业浪潮，却连续经历多次失败。

2022年初，他与伙伴一同进入抖音短视频领域，通过分析拆解抖音上的热门视频并成为内容营销博主，成功地提升了自身的商业价值。这次经历让白先生深刻认识到社交媒体的强大影响力，并坚定了他创业道路上的方向。

在半年的时间里，他不仅自学了众多短视频制作技巧，还深入探究了爆款视频背后的逻辑。白先生不仅提升了自己的技能，也挖掘了个人潜力。他将这些经验整合成《短视频爆款系统课》课程，推出后迅速达到10万元的销售业绩。这不仅是一次商业成功，更是他实现个人价值和职业追求的重要里程碑。

正以为一切在向好发展，准备注资放大，却因为分成比例问题，合伙人不愿意继续投入，他被迫开启单干模式。他一个人找选题、写脚本、拍摄，一条1分钟的视频，白先生常常要花费4个小时来完成。晚上做课件，做交付，每天直播3场，动辄要熬到凌晨4点。因为负债创业，为了省一点开关空调的电费，直播结束后他直接在客厅睡觉。让他记忆最深刻的，是某天直播间里一个大姐看不下去，花了1200元买了他的课，跟他说："小伙子，快去睡吧，别熬了。"

一边是没日没夜地做自媒体，一边是巨大心理煎熬，当时女友也离他而去。这段至暗时刻，依旧让他刻骨铭心。这和加入恒星联盟后，日常为大家提供了很多点子、思路活跃、幸福感洋溢的白先生简直判若两人。

在 AI 赛道涅槃，长夜漫漫，终有黎明

如果换作别人，面对如此惨烈的失败，可能就会选择认命，回去找个班上算了。而对白先生来说，找个薪资还不错的工作并不困难，但或许是真的不想放弃，或许这是潮汕人骨子里不服输的基因，他选择持续探索各种创业项目，如无人直播、小红书图文引流、过年红包封面变现等，这些让他隐约感知到人

工智能的新时代即将到来。

2023年，作为第一批接触GPT的人，他通过一个月的深入研究，总结提出了GPT提问的核心心法——《GPT调教心流法》。此外，在各种技术社群，他展示的GPT+插件的梦幻联动，自动化整理上万字内容的AI技术，让各路AI玩家惊呼。

我们常常深度交谈，在技术之外，我看到了他身上的使命感。于是我帮他精准定位，针对超级个体、IP和企业家期望优质落地AI赋能的学习诉求，鼓励他发起广州场"AI自媒体线下大课"，并且用我的新书《AI超级个体》上市为他引流造势，最后吸引了将近300人到场学习，成为国内最大型的AI线下课之一。当时我也在现场，听到大家"落地""超前""提效"的反馈，我感觉自己做了一件非常有意义的事情。

经历十多次的失败，白先生终于爆发了，上市公司"天与空"、美业头部"蓝蒂蔻"、卓越眼镜等企业都邀请他做内部培训，通过普及AI技术，他实现了创造社会价值与个人幸福感创业的双重目标，在AI赋能创业者的路上创造了更多的奇迹。

未来让超级个体的创业之路更加幸福

行业里都说GPT生产不了IP个性化文案，白先生就潜心研究，打造了AIIP体系，通过观点、风格、故事、主题、时态、互动等6大维度，让GPT说人话，同时开发出"AIIP私人提示词定制"产品，帮助IP们高效生产垂直行业的个性化内容，感受到不用熬夜生产优质内容的幸福感。

从"心流法"到"AI自媒体线下大课"，白先生把"如何将AI极致融入内容创作工作流"当作目标。好在功夫不负有心人，他打造AI短视频账号，从选题、文案到拍剪成片，都用GPT生成，运营1个月，就跑了百万播放量。一个小时生成8条高质量短视频文案，一个晚上创作4篇公众号文章，凡是与他合作过的行业IP，覆盖珠宝、瑜伽、保险、星座、美业等，都给出一致好评。

我把白先生压箱底的《AI流量进阶手册》精华版，放在了本书开头的大礼包里。

一路走来，白先生深刻感知到：AI是普通人踩中风口最小投入的逆袭机会。AI是目前绝大多数IP弯道超车的不二选择，是团队、企业降本增效的最佳选择。所以今天的他不仅是一个成功的AI导师，也是无数创业者和学习者的AI思维源泉。他相信，每个人都可以通过学习和应用AI技术，找到属于自己的创业机会，实现个人价值并做出社会贡献。目前《心流法》已经帮助了几万人开始了AI学习之旅，有的同学成了AI导师，有的同学做AI项目，成功变现数十万，也有同学帮助企业扩大流量规模，成为各个领域的AI导师，影响着更多的人。

未来，白先生希望能帮助超过10000名IP，用AI实现弯道超车。因为AI，让我们的未来和当下变得更加幸福，这正发生在越来越多创业者的工作和生活中。用白先生自己的话来讲："如果因为我们的努力，能让AI时代来得更快，与有荣焉！"

邦爸邦妈：家庭和事业的双向奔赴

邦爸，本名刘静锋；邦妈，本名吕雪澜。在我的恒星研习社学员和创业朋友中，邦爸邦妈是一对神雕侠侣式的存在。

他们家庭教育成功，孩子小升初、中考一路顺利，本科就读美国常青藤名校；同时他们的事业让人羡慕，从广告业跨界教培行业，创办"品读行"，三年就成为广州热门机构，后被学而思创始人曹允东先生的乐学集团全资收购。机构同期学员上万人次，年营收破亿。

不管是在广告业还是教培业，邦爸邦妈都是让人侧目的超级个体。我听完他们的创业故事，总结一句话就是：定位对了，家庭幸福和事业成功是可以兼得的。

小镇做题家的奋斗与崛起

跟绝大多数的小镇做题家一样，邦爸邦妈大学毕业之后面对的挑战，就是在大城市里活下来。在当初被公认为广告高地之一的广州，邦爸上午刚从大连抵达广州，下午就入职一家广告公司成为文案，从广州到上海，从上海回广州，文案邦爸走上了广告人繁忙的"快车道"。

两年后，英文专业的邦妈毕业，其他同学都选择去了外企，邦妈却鬼使神差地去了一家广告公司。进入广告咨询行业后，她每天都要进行大量的头脑风暴，各种提案企划和文案创作，让她应接不暇，压力巨大。

后来，邦爸辞职创业，创办"刘和黄广告公司"，聚焦陶瓷行业，在当时作为全国陶瓷主要生产基地的佛山，刘和黄囊括了行业接近三分之二的大客户。

邦妈在繁忙的工作之余，还在暨南大学新闻系，完成了硕士和博士学位攻读。

因为足够努力，两个人的事业都在持续向好发展。但只有他们自己知道，工作压力大到完全没有时间照顾家庭。

向陪伴孩子倾斜，无意间孕育出第二次创业新起点

打破这一切的，是他们孩子的降生。

有了孩子之后，生活上的琐事一下子多了起来，让本就工作繁忙的邦爸邦妈更加分身乏术。他们不得不重新审视生活的优先级。拼命工作，给孩子创造良好的物质条件固然重要，但更重要的，是在情感和智力发展上给予孩子最好的陪伴和支持。

我原以为，后续剧情会照着一般化发展：其中一个人放弃工作，全身心投入家庭。但他们这次，从孩子出发的调整，居然成为第二次创业的起点，让他们完成了家庭和事业的双向奔赴。

从孩子幼儿时期开始，他们就挤出时间，进行双语亲子阅读的实践。邦爸给孩子读了三遍《上下五千年》三本大厚书；邦妈因材施教，从小陪伴孩子，看英语原版动画片，读英文绘本和原版教材。

爱分享的他们，在广州本地BBS上写了大量的帖子，分享作为父母的经验和挑战，得到了许多家长的热烈响应，许多家长也同样面临育儿难题。甚至在他们的孩子上初中之后，两人之前在BBS上发布的教育类文章，还经常被家长们提起和讨论。

回想起来，他们说，陪伴孩子的这个过程，不仅和孩子建立了更深的情感联系，更是探索实践了"好爸妈胜过好老师"，这个在当时也算领先的教育理念。这些经验不仅丰富了他们的育儿方法，也为他们第二次的创业奠定了基础。

蕴含着一个更大机会的大门，此时正悄悄打开。他们利用自己在带孩子过程中，积累的语言学习心得和对升学的研究，并结合他们对教育的深刻理解，打造一个帮助父母和孩子一起成长的平台——品读行。

第一年，他们的学生是200个，到了第三年，通过口碑扩散，直接冲上3500人，成为当时广州教培市场上的黑马。5年后，品读行在他们的经营下，同期学员上万人次，年营收破亿，成为华南地区语言艺术类最大的机构之一。品读行的服务内容，逐渐涵盖了经典诵读积累、名著阅读赏析、流畅创作表达、原版阅读探索、综合升学辅导等多方面内容，成为家长们信赖的伙伴。

　　与此同时，他们对孩子的陪伴和培养也收获了成果：2021年，他们的儿子被美国顶尖大学——宾夕法尼亚大学录取。这个成果不仅有孩子自身的努力和追求，也得益于家庭环境，以及他们所做事业的熏陶。

幸福感创业的精神内核：家庭和事业的双向奔赴

　　邦爸邦妈的故事，让厂长看到了幸福感与创业之间的深刻联系。当人们为自己和家庭的幸福感而工作和创业时，他们不仅能够在家庭层面上获得爱的满足，还能在商业上取得成功。

　　他们的经历很好地证明了，作为创业者，在工作和家庭之间，并不是非此即彼的单向选择，而更是努力塑造的双向奔赴。

　　邦爸邦妈的成功不仅为追求工作和家庭平衡的父母们提供了灵感，也为那些在育儿和创业之间纠结的人们提供了明确的方向。

　　邦爸邦妈将家庭核心价值与商业机遇结合，用他们的故事，激励着每一个梦想在家庭和事业之间找到平衡的人。在这个过程中，他们不仅培养出了一位优秀的孩子，还建立了一个让无数家庭受益的公司，真正实现了工作和家庭的幸福共存。

笛子：帮助十亿国货畅销海外，热血沸腾的幸福感

　　笛子，可能是我的恒星研习社里，最懂跨境出海的人了。我跟笛子曾合作发售"日不落出海联盟"。自2021年到2023年，她成功地将十亿国货推向全球市

场，并建立了日不落集团。如今这个集团在全球有10个子公司，笛子因此成为无数创业青年的偶像。

截至2024年5月，笛子已经出版了四部畅销书，包括《TikTok爆款攻略》《拥抱蓝海》《恒星闪耀》和一部在美国出版的全英文书籍*Billionaire TikTokers' Playbook*。其中，《TikTok爆款攻略》为国内首本TikTok行业的出版物，也是让她登上第十届当当网影响力作家宝座的作品。*Billionaire TikTokers' Playbook*作为全球首本介绍TikTok的教材，定价200美元一本，在全球范围内受到追捧。

我身边的老板和IP们都喜欢称笛子为"跨境卷王"，因为她每天都很忙很卷，还是一个全球出差的"空中飞人"。她不仅推广国内产品到海外市场，更是将中国的优质内容和课程带向世界各地。

可能你会问，一个如此忙碌的人，如何能在创业中找到幸福感？其实我也有同样的疑问。在询问笛子后，她给了我三条在创业旅程中，幸福感爆棚的重要心法。

第一条：选对赛道，绝不内耗

2016年，笛子在美国读研期间不仅学业有成，还迈出了创业的第一步，建立了自己的两家初始企业。到了2020年初，面对全球疫情，她搭乘最后一班飞机回到了中国。

笛子回国后敏锐地发现，国内市场竞争异常激烈，价格战让很多商家难以存活，市场的商品类别也日益增多，各大平台的流量成本越来越高。尽管很多产品质量上乘，但由于市场的过度竞争，许多好产品最终未能突破重围。面对这种情况，笛子进行了广泛的市场研究，并结合自己的优势，最终决定进军跨境电商领域。

她在国际市场上的策略取得了显著成效，国内产品通过她的手，以高额的价格差销售到海外。例如，本地市场价格600元人民币的油画，在美国可以卖到600美元；义乌零售价0.5元人民币的廉价配饰，在英国的售价可达6英镑；而国内几十元的知识付费课程，在国际市场上的价格可以高达几十美元……这种利用中外市场之间的信息和价格差异的策略，为她带来了十倍以上的利润回报。

笛子认为，市场的不安全感是许多人感到不幸福的原因之一。

在竞争激烈的环境中，即使再努力，也可能因为竞争对手的一次行动而功亏一篑。然而，如果能够选择一个合适的市场赛道，就像笛子选择跨境，就可以避免无谓的内耗，集中精力构建和巩固自己的长期竞争优势。这也是每一位创业者最理想、最幸福的状态。

第二条：死磕内容，复利无穷

从2020年底开始，笛子和她的团队致力于打造他们自己的独立站品牌，为此他们投入了300万元人民币。然而，经过七个月的不眠之夜和持续的投入，这笔资金已经烧光，而希望似乎也渐渐远去。

面对这种困境，笛子决定，深挖内容的质量。为了打磨出高质量的视频，她愿意连续6个小时陪着剪辑团队坐在电脑前，只为了一帧一帧地优化一条20秒的视频。这种近乎苛刻的、专注于内容质量的打磨过程，使得他们在接下来的广告推广中，ROI（投入产出比）提高了2倍以上。这个经历让笛子深刻认识到，高效的在线传播，一定离不开优质内容的支撑。

深耕内容是打造持久事业和品牌的关键。选择一条困难但正确的道路，并坚持不懈地沿着这条路走下去，才能构筑属于自己的竞争壁垒。

因此，笛子不仅自己在内容制作上不断精进，还培养了一支专注于内容的精英团队，称之为"内容铁军"。无论是针对独立站的广告、合作推广，还是在TikTok等新兴短视频和直播平台上的活动，他们对内容的专注和投入，让他们能够迅速稳固基础，并进一步实现突破和成功。

拥有了最核心的内容竞争力，就等于拥有了坚实的杠杆。不仅可以不断带来复利，还能拥有满满的幸福感。

第三条：资源复用，对赌共赢

从2023年开始，笛子做了一个重要的决定：她不仅要将自己的业务做好，还想帮助更多的中国企业，将优质的国货销售到海外市场。然而，她也意识到，许多国内的商家，在跨境电商初期，往往会遇到各种难题，导致他们在赚到钱之前就已经亏损。

笛子非常清楚，尽管她现有的业务已经做到了90分，但要将其提升到95分，将需要付出巨大的努力。经过多年的跨境电商经验，她意识到无论是全球的网红营销还是私域渠道，她都拥有许多可重复使用的资源。她决定将这些资源用于帮助那些业绩只有30分的企业提升到70分，这不仅更轻松，产生的价值也会更大。

明确了这一战略后，笛子组建了自己的操盘手团队，专门帮助有实力的中国企业，进行出海项目的运营。

厂长非常推崇笛子的长期主义。她的结果式付费，跟厂长百万全案发售操盘的合作模式完全一样。所谓结果式付费，就是她和合作客户按比例分利润，如果项目亏损，则由她自己承担所有运营损失。

最初，她的团队对这种做法都不太理解，他们觉得，市场上有很多知识付费的业务，收取高额学费却不保证结果，完全没有必要做结果式付费。然而，笛子一直坚持一种理念，就是所有可以持续且稳定的"事业收益"，都应该遵循三个"不吸血"原则：不吸合伙人的血、不吸客户的血、不吸员工的血。她认为只有自己先将事业做大，才有资格与他人分享成功的果实。

在她坚持这种模式之后，许多知名品牌、企业、工厂，乃至个人IP的创造者，都开始主动找到她，希望笛子能帮助他们将产品、服务和课程推向海外市场。由于她要承担失败的风险，她在选择项目时更为谨慎。

时间证明了她的选择是正确的，她的客户群体的质量逐渐提高，成功率也在不断增加。其中一个客户，仅仅在四个月内，笛子就帮助他们在海外创造了1000万元人民币的GMV。那个公司的CEO曾这样评价她："与笛子合作，既不用操心，又能看到成效，这样的合作伙伴实在是太难得了！"

这三条心法，远不是笛子的全部，想围观她的《出海掘金秘籍》，可以去看本书开头的大礼包。

笛子在取得成果的同时，她也体验到了一种真正能落地的价值所带来的强烈幸福感。她设立了一个非常重要的目标：帮助至少100家中国企业成功出海。

推动中国产品和智慧走向世界，对她来说，这种成就感远超过个人财富的累积。她的创业幸福感不仅来源于与合作伙伴之间金钱上的共赢，更在于她能够让更多的中国产品、服务和课程去影响全世界，这种热血沸腾的幸福是无与伦比的。

笛子坚信，仅仅把自己的业务做好，并不足以称之为卓越。但如果一个人能让他身边的人——无论是客户、员工还是合作伙伴，都能受益，甚至为他的国家和民族作出贡献，那么他无疑是真正的卓越。

我相信，在这条道路上，笛子一定会不懈前行。

石榴叔：高客单 IP 声音私教的"五福人生"

石榴叔在我的恒星研习社里，算是红人了，他也是我的声音教练。（石榴叔教我练声用的"科学发声葵花宝典视频课"，经过他同意，我放在本书第一页彩页里了）

石榴叔从一名农村放牛娃起步，凭借自己的声音天赋，初中时以声乐特长生的身份进入了县重点高中，一路逆袭考入中央音乐学院声歌系。毕业之后，他先后在武警文工团、泉州歌舞剧院工作，积攒了非常丰富的声音专业素养。后来辞职创业，打造了自己的教育品牌"酸石榴"，并创办声量学苑。

石榴叔的声音作品全网播放量破10亿，20年专注科学发声训练。北大艾力老师、胡萍校长、清华陈晶、运营之光黄有璨、群响刘思毅、蓝蒂蔻Gina等知名IP，都雷打不动，跟着他打卡练声。

石榴叔独创的"倍霸发声法"可以短时间内让人"久说不累，声音更好听"，很多顶流IP，都是他行走的广告牌。

从线下教培，到线上高客单 IP 声音教练

2013年，石榴叔开启的第一份创业，是一家线下艺术培训中心"酸石榴"，面向少儿群体，主打声乐、语言、器乐等艺术课程。

作为频繁地出现在当地电视台、剧院的明星人物，石榴叔很快就取得了家长们的信任，并在泉州当地获得了不小的影响力，业务也是蓬勃发展。

当时，仅少儿播音主持大班课，这一项业务的年利润，就达到了200多万元。

然而，2020年初，疫情暴发，这只"黑天鹅"改变了太多人的命运，也突然打乱了石榴叔的节奏。本来努力了7年之久的线下业务，正如火如荼地发展着，却突然被迫暂停。

好在，石榴叔在"酸石榴"品牌成立之初，就有意识地向线上发展，开通了"酸石榴叔叔讲故事"的自媒体账号，主打为孩子提供睡前故事的陪伴。几年时间里，累计录制了上千个绘本故事，积累了十几万粉丝。而这个账号，在石榴叔遭到疫情冲击时，为他提供了一定的营收保障。

后来石榴叔加入了我的恒星研习社，在我的建议下，他也萌生出了做高客单IP，发展第二曲线的想法：做创始人IP声音教练。

石榴叔采用的是，高客单价26800元一对一服务的商业模式，面向的群体是高净值用户。而石榴叔多年积累的经验，加上独创的发声训练方法，是他快速帮创始人IP拿结果的有力保障。

为什么要做高客单，我曾在很多场合不止一次地分享过。

石榴叔服务的用户大多是IP，都有着不小的影响力，他们在石榴叔这里拿到结果，看到自己声音的变化后，非常慷慨地帮石榴叔做宣传，让石榴叔逐渐声名鹊起。

定位创始人IP声音教练、做高客单业务之后，石榴叔自己做了两次发售，包括我在内的各个赛道的IP创始人们，纷纷为他站台，助力石榴叔拿到了100多万发售战绩的喜人结果。

石榴叔跟我说，之前做线下教培，虽然学员大几百，团队几十人，看着很风光，但运营起来任务非常繁重，带团队、打市场、搞教研、做销售……样样都不能少，都要亲力亲为，每年虽然有200万左右营收，但实际利润却少得可怜。

而现在就大不相同了，团队只有石榴叔和助理两个人，一年就能有一两百万的纯利润。

最主要的是，之前石榴叔没日没夜地投身一线，根本没有时间放空自己、陪伴家人。别人休息时他在忙，别人忙的时候他也在忙。而现在的超级个体商业模式，一年两次发售，其他时间做做线上交付。因为都是线上交付，所以他可以旅居办公，不受地域限制。他获得的利润不仅上来了，也有更多时间放空自己，陪伴家人，真正找到了创业的幸福感。

从"五个一"到"五福人生"

我之前提到过创业者必经的"五个阶段"：一无所有，一技之长，一念之间，一团乱麻，一飞冲天。

石榴叔算是这五个一最好的代言人。他从一个一无所有的农村放牛娃，凭借自己一技之长的声音优势，不断实现人生的跃迁；一念之间，辞去专业院团的事业编，投身创业浪潮；从一个一团乱麻的创业小白，到现在的高价IP声教，他算是一飞冲天，未来还有着更为巨大的商业空间。

石榴叔逢人便说"声音教练石榴叔"这个IP就是在恒星研习社里生长出来的。他切实践行着幸福感创业的状态。我经常看到他发朋友圈，今天去和孩子露营了，明天又和孩子户外徒步了，有时还看到他在给家人做一桌美食，字里行间都洋溢着幸福感。

他经常说他追求的就是五福人生——长寿、富贵、康宁、好德、善终，不管是创业还是生活，都是践行五福人生的方式。

相信石榴叔在幸福感创业的路上会越来越好，五福常伴。

魔女喵喵："包租婆"梦想破灭之后，找到幸福创业新定位

魔女喵喵，应该是我的恒星研习社里，从普通公司职员到自给自足，最接地气的女性创业者了。

最近出国旅游，想找朋友推荐有特色的民宿，没想到喵喵很热情地给我列了一个民宿清单。细聊之后才知道，喵喵已经是Airbnb（美国旅行房屋租赁网站）10年老玩家了，2年内获得过7次"超赞房东"的称号，收获了109条五星好评。

现在喵喵已经由民宿主理人转型，开始提供房屋管理咨询服务，和10个人的核心团队改造了上千套房子，帮助房东实现了30%~300%的租售溢价。在房地产相关行业遭受重击的当下，仍然能源源不断地接到全国各地房东的房屋管理需求。

包租婆的梦想在合租房里碎裂一地

我和喵喵聊起创业的初衷，喵喵说她小时候看香港电影，一直很向往包租婆的生活，躺平收租，不用靠"出卖时间换金钱"。

故事从2011年开始，还在读大学的喵喵，在湖北武汉光谷广场附近，开始尝试短租房运营。当时的主战场还是豆瓣租房小组，她没有任何经验，客群定位锁定在初入职场的打工人，有点类似于出租床位的青年旅社。因为没

有时间精力复制扩大规模，人工手动确认入住订单耗时耗力，所以这次尝试以失败告终。

大学毕业后，喵喵在北京找了份月薪5000元的工作，蜗居在东四环的合租房。一边忍受奇葩室友，一边应付工作琐事，完全没有精力提升自己。

最让人绝望的不是生活日复一日的琐碎，而是一眼望到头的重复人生。

北漂的生活，每个月2000元的房租费用就快占掉了工资的一半，"躺平收租，游历人间"的梦想似乎遥遥无期。

想创业又没有启动资金，她就瞒着家里人招了一个女生和自己合租，用家里的房租补贴和工资收入开始攒钱。就这样，只身一人，没关系没资源，从0起步，开始在北京运营城市民宿。

坎坷奋斗，却再次迎来重重一击

和大多数创业者一样，喵喵的城市民宿运营之路充满了坎坷。不是遇到被合作方克扣上万押金，就是自己的房东着急卖房临时解约。有时候不得不一个月搬家两次，甚至因为第二天要搬家，前一天熬夜到凌晨3点打包行李。

喵喵说她最忘不了的是一个寒冬的晚上，天上飘着雪花，她要去自己经营的一家民宿里把猫猫接走。因为租客预订民宿的时候，点名要把猫猫留在家里，可入住后又说猫毛过敏。由于出门太匆忙，喵喵不得不用自己的羽绒服裹住猫猫颤抖的身体，冒着风雪，摇摇晃晃地骑着共享单车。她说当时有种和猫猫相依为命的漂泊感。

喵喵发现这种生活根本躺不平，每天都被各种鸡毛蒜皮的事情影响，毫无幸福感可言。

雪上加霜的是，2020年12月18日，《关于规范管理短租住房的通知》正式发布，喵喵所管理的民宿由于位于首都功能核心区，被平台强制下架。

她在空置的民宿里哭了一整晚。她无数次在心底问自己，未来的出路在哪里？

好在现实和命运终究没能把她击倒，重新振作起来的喵喵痛定思痛，认真反思了自己再一次失败的三大原因。

第一，单打独斗模式，没能把自己的核心技能发挥到极致，机械重复的工作没有适当外包。

第二，产品定位低端，利润率不高。因为起步资金少，所以前期打造的城市民宿产品装修投入极少，与市场上同类产品无法形成差异化竞争。

第三，抗风险能力弱，一旦遇到政策变动，将面临巨大损失。

穷途末路遇贵人，找到幸福感创业新定位

就在穷途末路之时，在北京三里屯的茶馆，喵喵第一次见到了创业路上的贵人，一名从事房地产投资20余年的行业专家，贵人彻底改变了她的创业和人生轨迹。

结合之前失败的原因和专家老师的建议，喵喵决定，为自己的产品做一次全面迭代。

第一，打造高端租赁产品，服务高客单用户，提高利润率。

第二，通过房屋改造，为全国房东提供溢价租售解决方案，帮助更多人盘活资产、创造财富。

我经常说"定位不对，努力白费"，喵喵的这次迭代，定位对了，成功就成了顺理成章的事。

她和团队给上海一名房东，改造了一间37.4平方米的一楼"老破小"，挂牌一天，带客户看一次，就以280万成功出售，而同期同类房源的售价平均是254万。

她和团队给北京一名房东，改造了88平方米的两居室，只做软装改造，就在7天内以890万的全款出售，同期同类房源的平均售价是850万。

她和团队给成都一名房东，改造的300平方米的顶复，月租金由5500元，直接上涨至23000元，溢价率318%。

随着一个又一个溢价租售改造案例的落地，很多经过团队改造的房子，都升到了本小区的天花板价格，溢价率从30%~300%不等，背后的改造故事都被沉淀到了团队的公众号上。

我也把喵喵背后能做到这些的核心内容，放在了本书开头的大礼包里，如果你刚好有房屋要出租或出售，不妨去看看。

比房产中介更懂租售运营，比装修公司更懂装修设计，越来越多的房东对喵喵团队的"设计—改造—出租—出售"一条龙全案服务竖起大拇指，喵喵也在帮助更多人创造幸福体验的过程中，找到了自己的创业幸福感。

一转眼，从跌跌撞撞的起步，到被命运击倒，再到如今，自由又美好的创业，喵喵给幸福感创业交上了一份属于自己的答卷。

她不仅为追求高品质租房生活的租客提供美好的居住体验，也为更多迷茫的房东提供了盘活资产、优化资产配置的解决方案。

其实，厂长身边不少IP会选择装修品质精良的大平层来租住，同时还可以将其当直播间使用，比租用专门的拍摄场地划算多了。

很多时候，创业者的定位和商业模式不是人为确定的，而是由市场上蜂拥而至的需求托起的，关键在于你能否捕捉到这个细分定位。

后 记 | AFTERWORD

创业 10 年，历经浮沉，我终于找到了创业的"新使命"

作为一名创业者，你认真考虑过你为什么创业，也就是你的"使命"吗？

在《幸福感创业》的完稿之日，我想给你分享，作为本次创业10年的连续创业者内心的真实独白。正是因为我的"新使命"，让我在一个大好的假期放弃出去游玩的机会，写下这本《幸福感创业》。

创业10年，公司最高年营收6亿，团队最多600名全职。我改过好几次公司的使命。

很惭愧，现在来看，这些都是"假使命"。因为没有一次是我发自内心认可的使命。

而这一次不一样，在找到使命的那一刻，我重新获得了奋斗的动力，并且拿到了我真实想要的结果。

如果你思考过、纠结过，或者根本没想过自己的创业"使命"，相信你看完这篇文章后一定会有强烈共鸣。

　　2015年，我还是一名北漂青年，刚刚从银行离职，开始创业。

　　可以非常坦诚地说，我一开始创业，就是为了让自己过得更好一些，让家人过得更好一些，实现阶层跨越。这一点在我的第一本书《肖逸群的创业手记》的前言里写得非常明白：我只是想出人头地，挣到钱，改变自己的命运而已。

　　很多人问过我创业的原因，当时我还不知道，其实上面说的就是我的创业"使命"，我当时还没有"使命"的概念。

　　回答这个问题，我经常会讲，我在体制内，看到了一眼望到头的生活，还有20年后的自己，我想要改变。

　　我当时20岁出头，刚刚在北京买了套50平方米的小房子。靠父母一辈子的积蓄作为首付，又背了几百万的房贷，30年还完。难道我一辈子就要住在这个小房子里吗？我不甘心。

　　这才是我最开始创业的真实原因：靠打工是不可能赚大钱的。

　　我当时给自己定了一个10年目标：33岁之后要实现财务自由，住大房子，然后退休，专心投入家庭，环游世界，把时间投入自己的爱好。

　　后来我知道，10年目标在创业圈有一个新的描述，叫"愿景"，也就是你创业的目的地。

　　对，就是这么简单而质朴。

　　通过抓住一波波"大红利"，外加超强的学习力、执行力和社交力，我变成了一名准独角兽公司CEO。

　　历经几年浮沉，我靠着持续抓红利，拿到过不少大结果：

　　7年从自己微信的300好友，做到3000万私域资产；26岁拿到经纬中国和腾讯双百的3300万A轮融资；公司最高600人，合作了近百个英语IP，把他们的英语课1年卖6个亿。

在这期间，我的公司有了一定的规模，而我，也通过各种付费培训，接触到了一个特别高级的词，叫"使命"，以及衍生的几个词："愿景"和"价值观"。

这几个词，是当时的互联网大厂用来做团队文化建设的，也称为企业文化"三板斧"。

后来，厂长创业四五年之后，接触到了使命愿景的概念，于是跟团队讨论，定下了自己的使命。但是，这个"使命"，只不过是我为了"搞钱"，依葫芦画瓢而想的一句，甚至我自己都不那么相信的"口号"。

这个想法，不仅仅我自己是这样，我感觉到团队不少人，以及当时很多创业者朋友也是这样。

"空洞"的使命，"宏伟"的愿景。

而这背后的代价，就是公司的"表面风光"。虽然挣了很多钱，但为了抓住更多红利，我们业务摇摆，根本不是从"使命"出发来专注做我们的业务，而是什么来钱快做什么，什么能做高估值做什么。

而"宏伟"的愿景，让我和团队"欲壑难填"：增长、持续增长、永不停歇地持续增长。更多的团队人数，更高的GMV，更大版图的业务。我每天不是忙着挖人，就是忙着打听新业务。

就这样，我变成了一个"创业机器"，每天精神高度紧张，365天全年无休。感觉自己停下来一天，业务就会落后一大截，所以不是无休，是"不敢休息"。

我在深夜经常会想，这究竟是我想要的创业吗？表面风光的我，过得并不快乐。而且，公司越大，越不快乐。

改变是从一笔8000万的"分手费"开始。

2020年，我想通了2件事：第一，我创业的源动力并不是我和团队定下的公司"使命"和"愿景"。这并不是我内心的真实想法。我只是想让自己和家人过得幸福而已。

第二，移动互联网这样的大红利基本快完结了。普通人能把握住的，百亿千亿美元的大机会，好像真的不多了。而其他大机会比如新能源、AI，普通人好像没这个机遇。

面对第一点，我当时很羞愧，因为这是团队一起讨论，由我来拍板定下的使命愿景。

但经历一些事情之后，我发现本末倒置：我为了过得开心，想要赚大钱，定下了远大的愿景。但这样远大的愿景，滋生出了不匹配的欲望，如同黑洞一般，把我的身体健康和心力、时间全部吞噬。

羞愧难当，难以启齿。但我还是选择正视自己的欲望和发心。人生是旷野，不是跑道。GMV和估值不是创业的唯一追求，更不是人活着的唯一KPI。

这个决策虽然代价很大，但我还是用8000万，花3年时间，处理回购股份+员工离职补偿+合作伙伴解约，把公司从600人降到现在的30人，自己从幕后站到台前，转型小而美的个体户，自己做IP。

我开始正视自己创业的原因：为了收获幸福感。

在幸福感这个层面，一个百亿规模上市公司CEO，说不定还真的不如一个年营收千万的南方小老板。

2020年，当我做IP开始，我便不断思考一个问题：哪些技能可以在当下创业环境中，既能带来破局，又可以收获"幸福感"。

我当时对幸福感的定义，包括这四点：

1.价值感：我的产品可以真正帮助客户解决问题，取得成就，而不是割韭菜。

2.成就感：做这个业务，可以带来符合我预期的营收，特别是利润。

3.安全感：初始投入不能太高，做大了之后风险不能太高，最关键的人力成本和投放成本一定要控制。

4.自由感：不能让我天天直播或者干活，人生大把的时间，还有很多事情值得体验。

这四点不少，但在成就感这块，我的预期也并不是太高。1年几千万的营收，千万级别的利润，并且可持续，我觉得就够了。

创业挣的是风险的钱，欲望越大，风险也越大。追求幸福感的创业之路，一定不要本末倒置。想清楚自己为什么出发，以及预期的结果，再看到谁1年搞几个亿的时候，我便不再焦虑。

我花了大量的时间和学费，在不同的领域积累和试错。最终，我探索出了一条大多数人都想不到的IP创业模式：高客单+私域+发售。

面向高净值人群，推出高客单产品的商业模式，一单10万、30万、100万，做好了，就是你终身的品牌案例资产，这带来的是价值感和成就感。

把所有流量都私域资产化，而不是完全被算法控制，因为算法而焦虑，这带来的是安全感和自由感。

一年集中2次做发售，实现批量成交，干一次顶一年，带来的是自由感和成就感。

经过3年的探索，我终于在创业10周年之际，实现了"幸福感创业"的目标。

第一：目前我的业务定位在"私域发售"这个领域，专门帮圈子里想做私域的IP搭建私域。有一定私域积累后，1年做2次发售，这个产品已经完全跑通。

第二：基于我做私域和发售的案例经验，面向想要做发售的IP，分享经验，推出标准化的研习社产品，开设线下课，帮助更多的IP搭建私域，学习发售。这个研习社现在已经运转3年，有700人，续费率60%以上。

第三：通过短视频、直播、出书等流量积累，我在私域搭建了20万的IP资产。还与有能量、有结果、有案例的客户和朋友，共同构建了一个IP创业者联盟——恒星IP联盟。

就这样，30人的团队，不靠投放，1年私域实现7000万变现。

虽然GMV跟之前6个亿的峰值降低了很多，但是我很幸福。

这三年，我完成了人生大事，组建了家庭，还见识了更大的世界。另外，在本书完稿之际，我也马上要当爸爸了！

所以，在创业10周年之际，历经多年的探索，我终于找到了自己打心底认同的"新使命"。

不少创业者的使命，是成就一番"伟业"，为人类的未来而奋斗，比如马斯克。

他们是真正的企业家，我打心底尊重他们，并且他们的创新，让我感觉多活一年，都可以见证到人类的大进步，活着就是幸福。

我曾经也想像他们一样，成就一番伟业，但我发现这需要命，可99.9999%的人都没有这样的命。

所以，如果现在时代没有这样的机遇，我觉得认清现实，赚点小钱，能够给别人提供价值，成就一番"小而美事业"，也未尝不可。

这就是我过去10年的深刻领悟。

2024年年初，我给自己放了一个长长的出国假，去法国和西班牙体验不一样的风土人情。同时我也放空自己，并且总结了值得我持续奋斗的创业新"使命"：让创业者更有幸福感。

同时，我也有了创业新"愿景"：10年时间，深度成就1000个IP，广泛影响1000万创业者，收获幸福创业人生。

看到这里，我必须给你一个大大的点赞。我也希望本书12万字的内容，对你现在的创业或者未来的创业有一些小小的启发。这本书的心法、技法和战法，可以让你未来的创业能多那么一点点幸福感。

那厂长写这本书也值了。

最后，再次献上我本人的微信公众号二维码。

关注公众号后，回复"加厂长"，即可链接肖厂长本人。

期待与你的深度链接，也欢迎你加入恒星研习社。

肖厂长

2024年5月5日

凌晨1点

© 团结出版社，2024 年

图书在版编目（ＣＩＰ）数据

幸福感创业 / 肖逸群著 . — 北京：团结出版社，
2024.6. — ISBN 978-7-5234-1143-8

Ⅰ. F241.4-49

中国国家版本馆 CIP 数据核字第 2024DB6847 号

责任编辑：张晓杰
封面设计：大咖书房

出　版：团结出版社
　　　　（北京市东城区东皇城根南街 84 号　邮编：100006）
电　话：（010）65228880　65244790
网　址：http://www.tjpress.com
E-mail：zb65244790@vip.163.com
经　销：全国新华书店
印　装：河北盛世彩捷印刷有限公司

开　本：170mm×240mm　　16 开
印　张：14.75　　　　　　　字　数：227 千字
版　次：2024 年 6 月　第 1 版　　印　次：2024 年 6 月　第 1 次印刷

书　号：978-7-5234-1143-8
定　价：68.00 元
　　　　（版权所属，盗版必究）